U0939090

本书的出版，得到北京人天书店的经费资助

国家“十一五”重点图书出版规划项目

当代中国图书馆学研究文库（第二辑）

文献学与文献学家

王余光 著

国家图书馆出版社

图书在版编目(CIP)数据

文献学与文献学家/王余光著.—北京:国家图书馆出版社,2008.10

(当代中国图书馆学研究文库.第二辑)

ISBN 978-7-5013-3746-0

Ⅰ.文… Ⅱ.王… Ⅲ.①文献学—中国—文集②文献学—学者—人物研究—中国 Ⅳ.G256-53 K825.4

中国版本图书馆CIP数据核字(2008)第119546号

书名 文献学与文献学家

著者 王余光 著

出版 国家图书馆出版社(原北京图书馆出版社)

(100034 北京西城区文津街7号)

发行 010-66139745 66151313 66175620 66126153

66174391(传真) 66126156(门市部)

E-mail cbs@nlc.gov.cn(投稿) btsfxb@nlc.gov.cn(邮购)

Website www.nlcpress.com

经销 新华书店

印刷 北京联兴盛业印刷有限公司

开本 787×1092毫米 1/16

印张 14.25

版次 2008年10月第1版 2008年10月第1次印刷

字数 220(千字)

书号 ISBN 978-7-5013-3746-0/G·755

定价 48.00元

《当代中国图书馆学研究文库》编委会

总　序

在人类文明史上，图书馆学、文献学与目录学的产生几乎一样源远流长，它们在研究对象和研究内容方面存在着相互交叉的联系，在追溯历史渊源和面向现实与未来中，有着同源和相互应用、共同发展的关系，有鉴于此，编委会将文献学和目录学研究合为一辑，列入《当代中国图书馆学研究文库》中。收录在本辑中的有倪晓建、王余光、陈力、王世伟、柯平、王新才、徐雁、王国强等当代中青年学者的文集。倪晓建、柯平、王新才、王国强主要研究目录学。其中倪晓建通过提出精萃信息理论而深化了目录学研究；柯平则以数字化目录学研究创新了现代目录学理论；王新才于目录学发展多所着力，对目录学演进的阐释相当独到；王国强深于古典目录学研究，尤其是汉代与明代，更是其着墨重点。王余光、陈力、王世伟等人则主要研究文献学，其中王余光主要研究文献史与文献学理论，陈力、王世伟则于版本、目录、校勘等方面用功甚深。徐雁的主攻方向是藏书与读书。这些中青年学者思维敏捷，才华出众，成绩卓著。在他们身上，体现了一种潜心学问、甘于寂寞并扎实钻研的精神，这是非常难能可贵并值得提倡的。

自 1978 年改革开放以来，到今年正好是 30 年。30 年中，中国图书馆事业与图书馆学研究都取得了长足的进步。这几位中青年才俊，或在这一年，或在这之后不久，陆续步入图书馆学的殿堂。虽然这些进步不能说就是他们的功劳，但他们的研究无疑起了相当的促进作用。他们的成果是新时期图书馆学、文献学与目录学发展的历史记录。也许有人会质疑，那些注重思辨考证的“纯粹”的研究有什么用呢？胡适当年就曾把考证一个古字与发现一颗新星相提并论，认为两者具有相同的价值。考证古籍版本、研究藏书目录有什么用呢？这些不会促进经济的发展，但却繁荣了学术文化。考证古籍版本,有利于人们更好地理解作者思想;探讨藏书目录,有利于了解各时代藏书情形,也对今天的藏书建设有借鉴意义。更重要的是,从藏书、目录、版本等研究出发,还可以推荐图书、指导阅读。这几位中有不少致力于这种研究,也有不少还在致力于这种实践。图书馆学、文献学、目录学研究不仅要研究文献信息资源的管理,更应当探讨如何让这些资源充分发挥作用。尤其是目录学,作为一门智慧之学,它教给人们的便是学会如何在浩瀚的文献知识和信息的海洋中迅速准确地寻找到自己所需要的知识的本领,拥有这种本领和能力将会终身受用无穷。如果读者能从图书馆了解到怎样读书、有哪些书可读、书以哪种版本为好、先读哪些书、后读哪些书、哪些书需要精读、哪些书只需浏览,这样,就可以说图书馆在建设和谐社会和学习型社会中充分发挥了文化教育的功能,也可以说我们的文献学、目录学研究并非全然虚不可用。文献目录之学本来就是致用之学,而其所致之用,应该说正是这些方面。

这些中青年学者是正在成长中的大树。他们潜心钻研,开拓创新,吸取养分,并逐渐枝繁叶茂。他们的成长离不开图书馆事业这片沃土,而图书馆事业也因他们的研究而变得生机勃勃。我们有理由相信,他们终将成为中国图书馆事业的顶梁柱。是为序。

彭斐章

2008 年 2 月于珞珈山

序

王余光同志是我的忘年交，熟悉得不得了。

王余光同志是我系即北京大学图书馆学系（现称“信息管理系”）1979 级入学、1983 年毕业的学士。在校时各方面都已有突出表现。他与我系比他班次低的徐雁、中文系古典文献专业的钱婉约等几位组织“学海社”，此社为当时北大学生社团中之翘楚，奉王了一（力）老师为总顾问，以下顾问颇多，几乎网罗尽北大当时与文献学有关的教师，在下亦有幸忝列其中。他们请顾问并非备而不问，而是经常咨询。因而，我与他们特别是王余光、徐雁两位颇多往来，这也因为是同系的缘故吧。我发现，学海社社员中胸怀大志有志于将来在文献学方面开疆辟土者不少，王、徐、钱三位尤其突出。我判断，二十年后，学海社中的一些位必成为我国文献学界主力。今幸所料不虚。钱婉约女史是国学大师钱宾四（穆）先生的孙女，家学渊源，与余光志同道合，结为伉俪，比翼齐飞，更是当代文献学界佳话，人皆艳羡焉。

王余光同志自北大入学后即肆力钻研文献学，于此领域取得博士学位。在他不断发表的诸多著作中，对文献学提出许多精辟见解。例如，他认为，中国的文献学，应以“文献制作、文献工作、文献发展、文献价值作为研究的主要领域”，并在自己的研究中身体力行。他还不断开辟新的领域。例如，他着力重点研究“民国年间”的出版史实，进而探讨当代出版业中的重大问题。在《中国新图书出版业初探》一书中，首次提出“新图书出版业”的概念，除了自己的研究以外，还指导了近二十篇博士、硕士论文，形成一整套“众星拱月”的系统与态势。他大力进行“阅读文化研究”，所编写的《影响中国历史的三十本书》、《塑造中华文明的二百本书》等著作，在海内外产生了巨大影响。

据我长时间观察，王余光同志是很想当一位粹然学者的。他愿意以山野散人身份博取更多的研究学术的时间。他广交学术界师友，也是为了在学术上提高自己。可是，由于他广通声气，极有人缘，就被认为善于领导学术部门，时势推移，只可勉居台辅，这也是无可奈何的事了。他自我系毕业十年后便升为教授，十二年后担任武汉大学图书情报学院副院长。自调回我系后，连任系主任至今。他还担任教育部高等学校图书馆学学科教学指导委员会主任，中国图书馆学会副理事长，全国古籍保护工作专家委员会委员等职。他如八臂哪吒一般，应付各方，游刃有余。在这方面我对他也极为佩服，佩服之至。

国家图书馆出版社一向以首先服务于图书馆学界为职志，多年来大力支持学者出版著作。我对该社一向是佩服的。承蒙社领导和同志们不弃，曾掷下一封“顾问聘书”，那是十多年前的事了。可惜我毫无建树，自觉赧颜。此次为余光出选集，是一件好事，于私于公，总觉得应有点表现。因此，自告奋勇，倚老卖老，为之呐喊几句。敢于向读者推荐的是，您只要读下去，如入宝山，定有收获。是为序。

白化文

2007 年 9 月 29 日　星期六　紫霄园

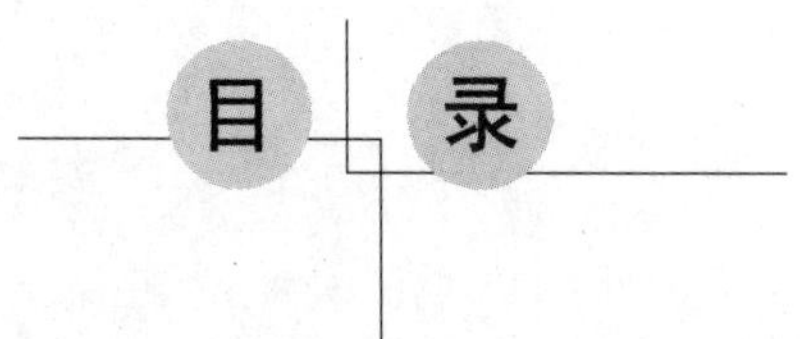

目录

论文献学

“文献”一词，早在两千年前的中国汉语里已经出现了。孔子在《论语·八佾》中说：“夏礼，吾能言之，宋不足征也。文献不足故也。”在这里，“文献”是指文字资料和贤能的人。元代马端临在《文献通考·总序》中对“文献”作了较为具体的诠释，他认为，凡经史、会要、百家传记等书，信而有征者，谓之文；凡臣僚之奏疏、诸儒之评论、名流之燕谈、稗官之记录，一话一言，可以订典故之得失，证史传之是非者，谓之献。可见“文献”是指文字资料和言论资料。这一意义一直到今天仍然是适用的。

中国文献历史悠久，从甲骨文算起，已有三千五百多年的历史了。文献在流传过程中，往往由于真伪、是非、残缺、语言等种种原因，造成人们阅读和利用的不方便，这样，文献家整理文献就成了一项十分必须的工作。早在春秋末年，孔子就整理过《尚书》等文献，这是我国私家整理文献的开端。汉成帝时，政府组织人力整理藏书。自此以后，我国各个时期，对文献的整理几乎从未间断过。随着文献整理的广泛深入开展，一些专家在文献整理实践的基础上，随着对文献的认识和理解的加深，对文献整理的经验进行总结，写出了一些文献整理的理论与方法的著作，这些著作奠定了文献学建立的基础。然而，作为一门有理论系统的学科，文献学还正有待于建立。

本世纪以来，学者们开始重视对文献学进行理论研究。1928 年，郑鹤声、郑鹤春写有《中国文献学概要》一书，他们在该书的《例言》中认为：“结集翻译编纂诸端，谓之文；审订讲习印刻诸端，谓之献。叙而述之，故曰文献学。”从这本书的内容来看，它主要是研究文献整理的一些问题。目前，比较有影响的文献学著作是张舜徽先生 1982 年所著的《中国文献学》。作者在书中认为，我国古代，无所谓文献学。过去称的校雠学，相当于今天的文献学。我们应“很好地继承过去校雠学家们的方法和经验，对那些保存下来了的和已经发现了的图书、资料（包括甲骨、金石、竹简、帛书），进行整理、编纂、注释工作。使杂乱的资料条理化、系统化；古奥的文学通俗化、明朗化。并进一步去粗取精，去伪存真，条别源流，甄论得失，替研究工作者们提供方便，节省时间，在研究、整理历史文献方面，作出有益的贡献，这是文献学的基本要求和任务。”[1]很显然，张舜徽先生是把对图书、资料进行整理、编纂、注释等工作，看做是文献学的主要内容。这里，我有两点不同看法：（一）文献整理，内容包括辨伪、版本、校勘、辑佚、注释、目录等，是具体的学术活动，不应看成是文献学的本身。（二）如果把文献学看做是研究文献整理的理论与方法的一门学科，那么，这至少是不全面的看法，这样的文献学是传统的文献学，或者称为文献整理学更为准确。

1986 年，上海古籍出版社出版了王欣夫的《文献学讲义》，作者在该书的《绪言》中认为：马端临的《文献通考》所包括的内容就是广义的文献学，但“广义的‘文献学’是无法在课堂上讲授的；然而，既称为‘文献学’，就必须名副其实，至少要掌握怎样来认识、运用、处理、接受文献的方法。这方法要能够执简御繁，举一反三，譬如一把多种形状的钥匙，可以开启多样形式的锁。书籍既是智识的宝库，对它怎样开启，进一步怎样发掘、整理，就是一个重要问题。”作者根据前人积累的经验，将文献学的内容规定为目录、版本、校雠三项。作者认为：目录是为了介绍文化遗产，版本是为了检择可靠的资料，校雠是整理材料的方法。这里，王欣夫所说的文献学，实际上就是宋代以来的校雠学。张舜徽先生在四十年代曾认为目录、版本、校雠之学，三者俱校雠之事。[2]事实上他近年所讨论的文献学，也就是在校雠学内容的基础上加以增益的结果。

我在 1986 年写《中国历史文献学》一书时，对文献学研究的范围也有所论及。当时我认为：文献学是以文献整理的各方面及其历史为研究对象的一门学科。具体说，文献学要研究文献整理的对象、整理的内容和方法及文献整理的历史。首先，要研究文献整理的对象。文献整理的对象即是文献本身，一个文献整理家，如果不对文献有所了解和认识，那么整理工作是难以开展的。文献学不仅要研究每一个体文献的资料来源、编著过程、体裁、体例、内容及其价值，同时，文献学还要把文献作为一个文化实体去揭示它的产生和发展的原因、过程，研究各个时期文献的特点及各个时期文献的继承性。文献学对文献的研究为文献整理提供了科学的基础。其次，要研究文献整理的内容和方法。前人文献整理的内容和方法主要有辨伪、版本、校勘、辑佚、标点、注释、翻译、书目、索引等。文献整理的内容和方法主要要解决三个问题：一是要实证文献的真实性、原本性与完整性，这就有了辨伪、版本、校勘、辑佚等方法；二是要解释文献的语言与内容，这就有了标点、注释、翻译等方法；三是要解决文献的排列顺序，为人们认识和研究文献提供方便，这就有了书目和索引等方法。文献整理的上述三个问题是相互联系的，通过文献整理，人们可以有效而准确地获得可靠的、易于理解的文献。再次，是对文献整理历史的研究，文献学要考察我国文献整理的发展过程，总结前人文献整理的方法和经验，为今天文献整理的实践服务。[3]现在看来，这样的规定仍然是不够全面的。

那么，一门有理论系统的文献学应该是怎样的呢？也就是说，在现时代，文献学应当担负起怎样的使命呢？

首先，文献应当是文献学的研究对象或研究主体，就是说，文献学不仅是把文献作为自己的研究手段，同时也作为自己的研究目的。历史学、文学史、哲学史等许许多多学科，它们都需要研究文献，然而，它们研究文献只是作为一种研究手段。如历史学，它研究大量的历史文献，目的在于通过这些文献资料去揭示某一历史规律或某种历史现象，文献称为它的研究手段。文献学则不然，它研究文献，目的就在于要揭示文献本身。文献作为文献学研究的主体，使文献学成为一门独立的学科有了可能。

其次，文献学既是以文献为研究主体，那么，它应当是全面而系统地研究文献的一门学科，而不应仅摄取文献的某一方面或某一特征加以研究。

基于上述两点认识，我们对文献学内容的描述就有了一个基本的框架，而文献学内容的具体构成又是受文献本身的特点所制约的。首先，文献是文化的一个组成部分，如同其他文化实体一样，有自己独特性的一面。因此，文献学要揭示文献的属性与构成，阐述文献的制作、流传、收藏的全过程，并从文献利用的实际角度出发，研究文献整理与揭示的方法和原则，为文献整理和揭示的工作提供理论依据。其次，文献又是一种历史文化的产物，它有着自身的发展规律和发展历史，这样，文献学必须要把文献放入历史过程中去考察文献的发展、兴衰与历史过程中各因素之间的关系。再次，文献是社会文化中的重要组成部分，文献在人们生活和人类文化的继承和创新等方面所产生的作用和影响，是文献学所不能不研究的。

一、文献的属性

文献是属于文化的范畴。关于文化，前文已作过很多定义，这里不再赘述。我认为，文化是人的精神作用于外部世界的结果，是人类社会实践活动创造出来的一个有别于物质世界，也有别于精神世界的特殊领域，这个领域可称之为“文化世界”。文化的内容大略可包括三个方面：（1）人的规范的总体，如义务、价值、道德、教育等；（2）人类社会的总体，如家庭、民族、国家等；（3）客观知识的总体，如宗教、艺术、科学、语言、文献、机器等。很显然，文献是文化中客观知识总体的一个部分。知识以其存在形式可划分为主观知识和客观知识两部分，主观知识存在于人的脑子里，随着人的死亡而消亡，客观知识存在于人的脑外。文献就是客观知识与物质形式的统一体，其内容是客观知识，形式是竹木纸张等物质实体。英国哲学家卡尔·波普尔说：“不管是科学书籍还是文艺书籍，一本书是一种物理对象。……但是使它称为人类精神品的重要产物是它的内容。版本不同，内容依然不变。”[4]这样，我们对文献的属性就有以下两方面的理解。一方面，文献不能纯属物质的范畴。我们平常提到的文献，不是指文献的外在形式，而较多的是指它的知识内容。现有一本历史书，一本物理书，假定它们的印刷、装帧、纸张等物理属性是相同的，然而它们仍不是同一本书。相反，我们所说是这样一本书，比方《中国史学发展史》，却可能属于不同的版本，物理属性全然不同，假如所有这些版本都包含同一内容，即同样的句子序列，那么，它们实际上是同一本书。这就是说，知识内容称为文献的根本属性。另一方面，文献也不是属于精神的范畴，因为它们一经产生，就完全脱离人脑而独立存在。

二、文献的构成

文献学关于文献属性的研究对进一步探讨文献的构成奠定了基础。文献是一定的物质属性（具体形态）与一定的知识内容（抽象形态）的统一体。文献的具体形态主要由如下四个部分组成：（1）文字形式。文献的知识内容必须要通过一定的文字形式才能得到体现。文字形式又可分为两种，一是不同语种的文字形式，如汉文、藏文、英文等；一是同一语种的不同语言形态，如汉语中的文言文、白话文等。目前有人认为，文字不是文献的唯一记载手段，文字之外，诸如图画、符号（如乐谱的音乐符号）、声频、视频等手段记载的知识，这些知识实体也可称为文献。这一问题尚有待进一步的研究。（2）载体形式。文献的知识内容通过文字手段，又必须要体现在一定的载体上。目前所知，世界上最早的文献是楔形文字文献。约自公元前四世纪末期开始，一直到公元前一世纪，楔形文字曾被用来书写过许多语言，最早的楔形文字文献是苏美尔语文献。这种文献是用一支斜尖的笔划写在软泥板上的。可知最早的文献载体是软泥板片。在古代，印度人以棕榈叶为书写材料，埃及人用纸草作为书写材料，后来把经加工过的羊皮作为“书写的纸”。在中国，最早的文献是甲骨文，龟甲和兽骨成为文献的载体，后来代之以竹木布帛，直到纸的发明。纸成了目前世界上最通用的文献载体。随着科学的发展，如胶片、胶卷、磁带等新型的文献载体也出现了。(3) 书写形式与印刷形式。印刷术发明之前，文献是以手写的形式出现。印刷术发明后，写本仍然存在，只是不作为主流而已。在中国古代，印刷术发明，文献始用雕版印刷和活字印刷。近代以来，文献的印刷逐渐运用铅印、石印和影印等。(4) 装帧形式。在中国主要有卷轴装、旋风装、经折装、蝴蝶装、包背装、线装、平装和精装等。文献的装帧与文献的载体和印刷极有关系。近代前期，文献是用手工雕版印刷或活字印刷，使用软纸和线装。机器印刷术输入中国后，纸张和装帧也随之发生了变革，原先手工制作的软纸不仅产量低，成本高，不能满足书籍的大量生产，而且软纸不便双面印刷，相当不适用，这样“洋纸”就应运而来取代了软纸。“洋纸”进行双面印刷，原先的线装就不得不改革，因而新式图书的平装和精装也就产生了。

文献构成的另一方面是文献的抽象形态。抽象形态包括文献的知识、体裁与体例。知识内容是构成文献的必要因素，正如卡尔·波普尔所说：“几乎每一本书都是这样：它包含着客观知识，真实的或虚假的，有用的或无用的。”[5] 与知识内容相联系的是文献的体裁与体例问题。体裁与体例都是知识内容的表现形式。体裁往往是就各类书（或文章）之间的不同的表现形式说的，如文学作品有诗歌、散文、小说、戏剧等；史学著作有纪传体、编年体、章节体等。体例是指一书内容的组织结构和表述形式，如书中的记时、记地、记人的方式，标目、征引的格式等，都是体例的具体表现。

文献学对文献构成的研究，不仅使人们具体认识了文献的各个组成部分，同时为文献的分类研究提供了基础。文献的分类是以文献构成中某一特征来作为分类的标准的。以文字形式分，则可分汉文文献、英文文献、藏文文献等；以载体形式分，则可分为楔形文献、甲骨文献、帛书等；以文献的知识内容分，则可分为文学文献、历史文献、数学文献等；以体裁形式分，则可分为散文文献、戏曲文献、编年体文献等。

三、文献的编作、流传与收藏

上述两个问题是对文献主体的直接研究，在这个基础上，文献学需要研究文献从形成到被收藏这一完整的运行过程。文献的形成分为两个环节，即文献的编撰和文献的制作。文献的编撰又可分为编撰方式和编撰过程两个问题。编撰方式，自古以来主要有作，或称著、撰等，这是作者的创造，孔子所谓“述而不作”，就是说只阐述前人成说，自己不敢有所创始。又有记，或称志，是记录、记载，非专尚议论，以叙事识物为主。编写，或称编撰、编纂，是就现存的材料加以整理，写成文章或书。编辑，是对资料或现成的作品进行整理、加工。编撰过程，是研究文献在编撰中所依据的材料。研究文献的编撰方式和过程，更有助于对文献内容的理解和文献价值的揭示。文献形成的另一环节是文献的制作。制作的内容包括对文献原稿的加工、设计、制版、印刷和装帧的过程，这就是通常所说的编辑与出版。同一文献可能会经过多次编辑和多次刊印，这样就会形成多种版本。一本书的同版本，往往反映了该书的内容和形式的不同。

文献无论是原始的手稿，还是经过传抄、刻印或出版，形成各种抄、印物或出版物，它都有可能在社会上流传，流传是文献社会意义的重要手段。文献的流传可分为两种形式，一种可称为市场性流传，一种可称为阅读性流传。文献进入市场流传，就成为一种商品，可以标上价格，在书场、书肆或书店中出售。文献阅读性流传是通过阅读进行流传，文献只有被阅读，其内容才可能得到流传和利用，这也是文献的社会意义和生命力所在。

文献的收藏，不是文献流传的终结，而是文献流传的手段或途径之一。自古以来，无论是公藏还是私藏，其藏书的目的或供人阅读和利用，或为流传后世。司马迁所谓“藏之名山，传之其人”，藏还是为了传。无论从空间意义还是从时间意义上说，流传是藏书的价值所在。

文献的编作、流传和收藏三者是相互影响和制约的。文献的编作量影响着文献的流传量与收藏量，流传途径的广泛与畅通与否，制约着文献的出版与收藏，收藏能力的大小又直接影响到文献的出版与收藏。

四、文献的积累与兴衰

藏书为文献的积累提供了条件。中国人藏书，是个由来已久的嗜好，中国文献的积累浩如烟海，这两者是有直接联系的。研究历代文献的类别和数量，以从中窥探中国文献的积累、兴衰与发展，这是文献学一项十分重要的课题。

据有关统计，我国于 1980 年以前，各时期出版的图书共计有 809157 部，其中：

西汉及西汉以前（公元 25 年前）	1033 部
东汉（25—220 年）	1100 部
三国（220—280 年）	1122 部
晋（265—420 年）	2438 部
南北朝（420—589 年）	7094 部
隋唐（581—907 年）	10036 部
五代（907—960 年）	770 部
宋（960—1279 年）	11519 部
辽金元（906—1368 年）	5970 部
明（1368—1644 年）	14024 部
清（1616—1911 年）	126649 部
民国（1911—1949 年）	100000 部（约数）
1949—1980 年	527402 部[6]

以上统计，仅是图书的数量，尚不是文献的全部。图书以外，目前出土的甲骨文献有 15 万片，带有铭文的商周青铜器上万件，石刻资料约 20 万件，发现的简牍约 4 万枚，敦煌遗书约 5 万卷（件），吐鲁番文书 2700 多件。历史档案约 3000 万件，尚不计海外和非档案馆单位所藏的历史档案。此外，近代以来，我国还出版印刷了大量的报刊文献和内部资料。

从这些统计数字可以看到：（1）中国丰富的文献是一个长期积累的过程，这一积累不仅是旧文献的保存，同时也是新文献的增加。（2）中国各个时期文献的发展是不平衡的，这体现在文献发展过程中的兴与衰。为什么文献发展过程中会出现兴与衰呢？这我们只能从时代的大背景中去寻求答案。

政治与文献。时代政治不仅影响旧文献的保存，而且也影响到新文献的增长。秦始皇焚书，使大批先秦文献失传，这就是政治的原因。隋代学者牛弘论历史上书有五厄，这五厄都是政治与战争的原因造成的。十年动乱期间，大批文献被毁，而出版书的种数也大大下降，据统计，1949 年至 1965 年这十七年中，平均每年出版图书 21695 种，1966 年至 1976 年十年中，平均每年出版图书下降到 8351 种。[6]政治对文献内容的影响作用更大，且不说十年动乱期间出版的图书都是清一色的政治宣传读物，就是在中国历史上，历代王朝，无不与本朝统治思想违迕之书。明清两朝屡兴文字狱，不仅祸及其书，亦祸及其人。

学术与文献。学术的繁荣，促进文献的发展，战国百家争鸣的学术环境，就产生了百家诸子之书；汉代，特别是东汉，好五行灾异之说，因此谶纬之书大兴；魏晋南北朝谱学的兴起促进了谱牒之书的繁荣。且以谱牒之书为例，当时，社会上十分重视门第、血统，因而研究这一门阀制度的谱学就发展起来，随着谱学的发展，谱牒著述十分丰富，仅三百余年间，就有五百余部、上千卷的谱牒著作问世，并且门类众多，有帝王谱、宗室谱、百官谱、百家谱、英贤谱、姓族谱、家谱等等。很明显，一个时代的学术风尚不仅能促进文献数量的发展，同时也促进了文献门类的增多。也就是说，文献门类的增损是与时代的学术风貌紧密联系的。谱学盛于魏晋南北朝，《隋书·经籍志》设谱系类，而唐以后，门阀制度受到冲击而逐步退出历史舞台，谱学失去了自身存在的社会基础而走向衰落。《四库全书总目》不设谱系类，其原因是：“自唐以后，谱学殆绝。玉牒既不颁于外，家乘亦不上于官，徒存书目，故从删焉。”[7]谱学既绝，而极少的谱牒之书又不流布于世，这样设立谱牒类就没有实际意义了。

科学技术与经济能力对文献的出版、流传、收藏都有着决定性的影响。科学技术的发达，才有可能大批量地生产纸张，更新文献的印刷和装帧技术，加快文献的出版速度和扩大出版量，也才有可能加快文献的流通速度，开拓广泛的流通途径。一个社会的文献收藏量与这个社会的经济能力直接相关，人们只有在衣食丰足之后，才有可能去藏书读书。

五、文献的整理与揭示

文献整理是一项由来已久的工作，也是传统文献学研究的课题。文献之所以需要整理，是由于文献在流传和积累过程中存在的问题所造成的。这些问题主要有：（1）文献原本性、完整性和真实性问题；（2）文献是否具有普遍的可读性。解决这些问题是文献整理的主要任务。在这里，文献学是把文献整理作为一个重要方面加以讨论的，这种讨论旨在建立一套系统的文献整理的思想与方法。前人整理文献，重视广泛搜求材料，反对主观臆测，强调尊重事实，尊重证据，实事求是，并且能以历史的客观的态度对待文献遗产。这些思想对我们来说，仍然是值得继承和发扬的。总结前人文献整理的方法，主要有辨伪、版本、校勘、辑佚、标点、注释、翻译等，这些方法主要是要解决文献的“言”与“义”的关系问题，整理者要证实文献中的“言”的确实性，然后再求这“言”所蕴含的确实的“义”。这样就有一系列问题牵连在一起，如文献中的“言”是不是原本的、真实的、完整的，这就有辨伪、版本、校勘、辑佚等方法。文献中的“言”应如何解释，是求其作者的本义，还是借“言”来发挥解释者的思想，这就有了标点、注释和翻译等方法。

证明“言”的真实性、原本性、完整性，是文献整理首先要进行的工作。整理者运用自己的知识和经验提出疑问，然后在根据疑问去广泛寻求证据，以证明自己的疑问正确与否，我们把文献整理的这一过程称之为文献的实证。在证实“言”的可靠性的基础上，进一步的整理工作是对“言”的解释，所用的方法如标点、注释、翻译等，我们把文献整理的这一过程称之为文献的解释。文献整理要达到的一个总体目的，就是确定文献原文的真实可靠性，方便人们理解和利用原文。文献实证是通过辨伪、版本、校勘、辑佚等手段，力求恢复文献的原始面貌和内容的真实性，使之成为人们研究和利用的真实可靠的材料。在这基础上，整理者通过标点、注释、翻译等手段，从事对文献的解释，使人们能更准确地理解原文，把握作者的原意。

文献揭示与文献整理往往是两项紧密相连的工作。从中国古代以来，就不断有人在文献整理的基础上，再编制书目或索引，撰写提要。对文献进行编目、索引、提要，是文献揭示的主要内容，也是文献学研究的一个重要方面。

一方面，文献揭示是要对文献进行序列揭示，即处理文献的“无序”与“有序”之间的关系问题。所谓“无序”，即是说，存留下来的文献是一种无序纷乱的状态，这不仅从文献的整体上看是这样，从个体上看，一本书的某些内容也是不相联系的，如书中的人名、地名等。因此，人们根据实际需要，将无序纷乱的图书按一定的规则或类例编成书目；把一些分散的资料、论文或一书或数书中相关的内容，编成索引，使之达到一种井然有序的状态，我们把文献揭示的这一过程称之为文献的整序。文献的整序是要把文献某一主题、或某一学科、或某些自然的词、句顺序系统地揭示给读者。

另一方面，文献揭示还可以通过提要（或摘要）、评述、综述等形式，把文献的内容揭示给读者。提要是文献内容揭示的重要手段，汉代以来，我国许多文献学者们在编制目录的同时，都作有文献提要，今天许多藏书目录或新书报道目录上都载有图书提要，以便人们具体地了解文献。

六、文献与文化的传播和继承

文献学不仅把文献作为一种文化实体进行全面研究，同时也把它作为一种普遍的文化现象，考察它在人类社会和人们生活中的作用和影响。

文献所产生的作用和影响是以文献的流传为前提的。首先，文献的流传，就会带来人类文化信息的传播，加强人们思想、感情的交流，促进人类经验、知识的传递。俗话说：“秀才不出门，能知天下事”，正是指出文献在传播信息方面的重要意义。可以说，在现代社会中，人们几乎无法估量那大量的图书和报刊杂志等一系列读物在人们生活的各方面所产生的作用和影响。

其次，从历史的角度看，文献流传的时间性，形成了有效的人类文化的储存功能，为人类文化的继承提供了条件。文化的继承，“新一代便不必去寻找已经找到的东西，发掘已经发现的东西，发明已经创造的东西。对文化遗产的了解，会有助于人们去考虑古代人的劝告：不要去做已经做过了的事情。按照已经达到的作为出发点，社会便缩短了通向实现自己目标的路程。”[8]文献所保存的前人的文化知识，不仅节省了下一代人的时间和物质消耗，同时也为下一代人从事新的文化创造打下了基础。司马迁写出《史记》，在史学上是一重大创新。考察《史记》的写成，可以看到司马迁的创造也是根基于前人的史学遗产。《史记》有本纪和世家，是编年体形式的，这取法于《春秋》、《战国策》等书；有十表，取法于《五帝系牒》、《春秋历谱牒》等书；有八书，为专门史，可能滥觞于《周官》、《世本》等书。在材料上，《史记》中的许多内容取自前代的《尚书》、《春秋》、《左传》、《国语》等书。可以说，文化继承与文化的发展是不可分割的，继承性是人类文化进步中过去同现在与未来相联系的文化发展的客观规律。一个民族的文化创新，只有当它保持过去文化业已取得的一切优秀的东西，才会为这个民族普遍认同，并能在长时期内保持自己的特色和影响。文献为人类文化的储存和文化的继承提供了必要的条件。

参考文献：

1 张舜徽．中国文献学．郑州：中州书画社，1982：4

2 张舜徽．广校雠略．北京：中华书局，1963：1

3 王余光．中国历史文献学．武汉：武汉大学出版社，1988：绪论

4，5 ［英］卡尔·波普尔．世界1、2、3. 自然科学哲学问题，1980（1）

6 见：从统计数字看中国图书出版事业的发展．图书情报工作，1982（1）

7 见：四库全书，卷四五

8 ［苏］尼·瓦·贡恰连科．精神文化．北京：求实出版社，1988：49

原载于《武汉大学学报》1988 年第 6 期

再论文献学

1988年，我在《武汉大学学报》（哲社版）第6期上曾发表《论文献学》一文。文章发表后，我对文献学的有关问题又有了一些新的思考和探索，现略作小结，以成“再论”篇，尚祈方家匡正。

一、文献学发展的原因

近20年来，随着经济的繁荣和学术研究的昌盛，文献学如同其他学科一样，也有了长足的发展。特别是近10年间，文献学受到了人们的普遍关注，之所以如此，究其原因，约略有如下数端。

首先，文献是学术研究的重要基础，也是社会信息的主要来源之一。因此，人们对文献的需求与日俱增，学术界逐步重视对文献的搜集、整理和利用，这在客观上促进了文献学的发展。也正因为如此，长期以来，许多学者都认为，文献学所做的工作是校勘注释、去粗取精、去伪存真等，为学术研究提供材料，而非是一门独立的学科。直到80年代初，张舜徽先生在写《中国文献学》时仍持这样的看法。他认为整理历代文献是文献学的基本要求和任务，“但是，这仅仅是此一工作的开端，而不是我们的落脚点；这仅仅是一种手段，而不是我们的主要目的”，“我们的最大目的，便是要在对文献进行了整理、编纂、注释工作的基础上，去粗取精，删繁就简，创立新的体例，运用新的观点，编述为有系统、有剪裁的总结性的较全面、完整的中华通史”。[1]不可否认，一方面，文献学，特别是文献的搜集、整理、利用等，是诸多学术研究的基础，但这并不否定另一方面，即文献学作为一门独立的学科而存在。到80年代中后期，人们对这一问题已有了比较清楚的认识。文献应当是文献学的研究对象或研究主体，就是说，文献学不仅把文献作为自己的研究手段，同时也作为自己的研究目的。文献作为文献学研究的主体和目的，使文献学成为一门独立的学科有了可能。[2]这就在理论上为文献学系统而全面地发展打下了基础。

其次，古典文献学的源远流长是当前文献学发展的重要基石。古典文献学，它不仅包括过去学者已经取得的成果，同时也包括现代学者在这一领域的新探求。这些成果和探求充实和丰富了文献学的内容，并且对文献学研究的发展提供了不少借鉴和启迪。然而，目前人们对古典文献学的内容还存在着诸多不同的看法，对其称谓亦有分歧。在称谓上，有“文献学”、“古文献学”、“古典文献学”、“传统文献学”等。我以为，可将民国以前的文献学称为“古典文献学”，将民国和新中国成立以来的文献学称为“文献学”或“现代文献学”，现代文献学应包括民国和新中国成立以来诸多学者在古典文献学领域的研究。在内容上，中国历代学者所做的工作有文献研究和文献整理，研究包括文献源流、积聚、散佚及典籍体式等方面的研究，整理包括辨伪、版本、校勘、辑佚、类纂、目录、注释等。文献的研究和整理是古典文献学的主要内容，这也是我们研究文献学史的主要内容，我在1993年出版的《中国文献学史要略》这本小册子，就是按照这一思路撰写的。而现代学者在古典文献学领域所作的研究也基本上未超出这一范围，如张舜徽先生的《中国文献学》、吴枫先生的《中国古典文献学》、王欣夫的《文献学讲义》、罗孟桢的《古典文献学》等。

第三，文献学的一些相关学科的勃兴，带动并促进了文献学的发展。原来，从事文献学研究的大多是文史学者，到了80年代中后期，这一局面发生了变化，图书馆学、情报学、档案学、出版学领域的许多研究者开始关注并从事文献学研究，这为文献学的发展注入了新的活力，使文献学在内容和方法上都出现了一次飞跃。发生这一变化的原因是，文献学与图书馆学、情报学、档案学、出版学有着密不可分的联系。许多学者认为，这些学科（包括文献学）在发展过程中逐步相结合，相互之间有着密切的血缘关系。[3]这使人们认识到，这些学科的结合，已初步形成了一个大学科体系。

上述三个方面，有力地促进了文献学的发展。但直到今天，文献学仍未达到完善的境地，还有一段相当长的路要走。

二、文献学的研究范围

之所以说文献学仍未达到完善的境地，这是因为，至今仍使文献学研究者感到困惑的是如何确立文献学的研究范围。虽然，对这一问题许多研究者都提出了不少有价值的见解，但似乎尚未形成一个较为一致的意见。我对这一问题的思考是：文献学应以文献制作、文献工作、文献发展、文献价值作为自己研究的主要领域。现将这方面的思考以纲目的形式表述如下：

（一）文献研究

1. 文献属性
2. 文献构成

   文字　载体　知识　体裁　体例

3. 文献类型

（二）文献制作研究

1. 文献编撰
2. 编辑与装帧
3. 印制

（三）文献工作研究

1. 文献整理

   版本　校勘　辨伪　辑佚　类纂

2. 文献解释

   标点　注释　翻译

3. 文献揭示

   目录　索引　提要　文摘　综述

4. 文献揭示手段现代化
5. 文献交流与传播
6. 文献收藏与利用

（四）文献发展研究

1. 文献起源论

2. 文献兴衰

3. 文献积累与散佚

4. 时代环境与文献的产生、发展

5. 文献发展阶段论

6. 文献产生、发展的规律与过程

（五）文献价值研究

1. 文献本体价值论

2. 时空差异、民族差异、理解差异与文献价值的变化

3. 文献阅读、利用与价值实现

4. 文献与文化学术的继承与创新

5. 文献与人类生活

6. 文献与社会进步

（六）综合研究

1. 文献观

独作与类编　记注与撰述　继承与创新　数量与质量　形式与内容　分类观　收藏与利用　真与伪　旧与新　理解与解释

2. 理论研究

文献学理论体系的探索与构建　文献学的研究对象与内容　文献学研究的方法　文献学发展趋势　比较文献学

3. 成就总结

文献学史　文献学家与著作

4. 资料集结与工具书的编纂

这里尚有几个问题需要说明。一是文献学与专科文献学的关系。如果我们把上述内容称为“普通文献学”的话，那么，专科文献学即是运用普通文献学的框架对专科文献研究的结果。自80年代以来，文献学向专科文献学方向发展颇受人注重。学者们以某一学科的文献为研究对象，重点在于为该学科研究提供资料信息和检索途径。如文学、史学、档案学、社会科学、地理学、医学及科技等学科领域，均有文献学著作问世。虽然，

这些著作在研究思路上不尽一致，但它们也都未超出普通文献学的框架。二是古典文献学与现代文献学的关系。古典文献学与现代文献学只是文献学研究在不同时期的不同称谓，而非是两个学科。现代文献学同古典文献学相比较，确有其自身的特色。这主要体现在如下几点上：(1) 现代文献学突破了传统文献学的框架，以全新的视野，开拓文献学研究的新领域，以适应时代发展的需要。(2) 在揭示、整理、加工、检索、计量、利用文献等方面，使用现代化手段，给传统的文献整理注入时代的气息。(3) 在当今社会，科学技术日新月异，文献量急剧增加，人们普遍地传播和接受大量的文献信息，已成为一种生活方式和工作方式，越来越受到人们的关注。因此，研究者注重文献与人类社会进步、文化及现代生活的研究，如文献价值研究，文献信息与传播研究，文献与社会、文化及文献对人类文明与人类生活的影响等方面的研究。

三、古典文献学研究的领域和课题

在上述文献学研究框架内，我想对当前古典文献学研究的几个重要领域与重要课题，提出自己的一些看法。

(一) 古籍整理与古籍整理方法论研究

我国约有 15 万种古籍，这是一笔宝贵的精神文化遗产。然而这些书绝大多数都是用文言文撰写的，没有标点，对今天的一般读者来说，阅读与利用都有一定的困难。目前，在人力、物力有限的情况下，古籍整理需要有组织和有序化进行。我以为，古籍整理出版工作应当分层次进行。一是整理出版古籍保真本，运用影印等手段，使一些珍本秘籍得以广为流传，不致佚失；二是整理出版研究本，如点校本或校注本，供研究者利用；三是整理出版古籍普及本，如鉴赏本或今译本，供广大读者欣赏阅读。一些没有必要译成白话文的古文、古诗词，可出鉴赏本；一些能译的古文，就出今译本。当今问世的鉴赏本和今译本，都存在着不少质量问题，这一现象应该得到改变，有关专家需要投入到古籍普及本的整理工作中去。

文化继承与文化的发展是不可分割的，继承性是人类文化进步中过去同现在与未来相联系的文化发展的客观规律。古籍整理为文化继承提供了重要手段。当前，中国新文化的构建是一项迫切而艰巨的任务，而中国新文化，也必将因传统文化的注入而更具深厚的底蕴和独特的个性。古籍整理，不仅能使沉睡于书库的古籍在今天人们的生活中展现其昔日的光辉，而且也定能为中国新文化的建设作出贡献。然而目前我们所进行的古籍整理仍然是运用传统的方法。为了便于整理、开发利用古籍资源，古籍整理的方法就需要进一步完善。我以为有以下四方面的工作可做：

（1）在前人理论与实践的基础上，进一步完善和规范古籍整理的各种方法，以指导当前古籍整理的实践。

（2）研究如何综合运用各种方法来整理古籍，使古籍整理的成果更便于人们利用。

（3）总结历代古籍整理的成就，以供借鉴。

（4）特别要重视运用现代化手段来整理、开发利用古籍。目前，利用计算机信息处理技术来深度开发古籍资源已经起步，但需进一步完善和推广。有的学者认为，这方面的主要研究课题有：一是制作古籍电子版；二是利用计算机编制古籍索引，这种索引在深度与组配检索的功能方面都胜过手工索引，并且可以节省编制和检索的时间，使许多蕴藏于古籍中的宝贵史料得到钩稽，使分散于多处的相关联的内容得到归纳、辨析和整理；三是根据文献计量学的原理，利用计算机对古籍中的各种信息项目——字、词、句、人名、地名、年代等进行信息量的统计、频率排序及关联分析，从而从信息量的角度揭示古籍的内容，探索其中的各种联系，用以揭示文本的内容特点、所涉及的边缘课题、引用其他著作的规律及写作风格。长期以来，手工整理古籍的不足，限制了人们有效迅速地利用古籍。采用上述整理古籍的新方法，不仅可以广泛地开发利用古籍中的信息资源，而且可将定量分析研究方法与定性分析研究方法结合起来，提高古籍研究的深度。

（二）中国文献发展研究

这一领域研究的问题较多，我以为有以下几个课题迫切需要加以研究。

（1）中国文献发展史。这一课题主要在于撰著一部多卷本《中国文献通史》，其主要内容包括：一是研究文献的发展过程，具体指文献物质形态的发展过程，文献编作、流传、收藏方式的变化及文献类别的演变；二是研究影响文献发展的各种因素，如历史上的政治、学术、宗教、科技、经济等因素对文献发展都有很大的影响作用；三是研究文献在社会进步过程中所发挥的作用与影响；四是研究文献发展过程中的文献整理与揭示，即文献在发展中不断完善和不断被利用的情况；五是研究文献发展的阶段性与规律性。文献作为人类文明的卓越创造物，它的发展进程可以表明人类文明的发展轨迹和人类知识与理性增长的过程。这样，文献史研究就必然成为文明史研究的新课题。从龙山文化以来，我国文献延续数千年不断，内容丰富，数量繁多，但至今尚未作过系统的总结和全面的揭示，对中国文献的发展历史也缺少完整的研究。而开展这一研究，对人们科学地认识与利用文献，对研究中国文明和弘扬传统文化，对加快我国信息化社会进程，都具有积极的意义。

（2）中国藏书史。中国藏书源远流长，我们需要一种多卷本的《中国藏书史》，方可与之相适应。特别是中国历史上的私人藏书，目前尚缺乏系统研究。中国藏书在社会发展与文化进步中曾发挥过十分重要的作用，总结中国藏书发展的历史，可以使我们认识中国文化之流变，学术、教育之变化，社会对文化的需求及藏书对文化的贡献等。

（三）文献与社会进步研究

文献典籍不仅对人类文明的发展有重大推动作用，而且对现代生活也产生着广泛的影响。因此，这一方面的研究具有重大的现实意义，如文献价值论，文献传播、交流与文化，文献与文化学术的继承、创新，文献与文人生活，文献与社会生活，不同时代的读书问题，等等。这里仅提及其中的两个问题：

（1）文化政策与中国文人生活史研究。其内容主要包括：一是中国历代文化政策的制定、形成与影响；二是中国历代政府对图书的收集与典藏、对集体编纂与私人撰述的支持以及对各种类型的刻书的鼓励，以促进文化的繁荣；三是中国封建王朝对某些图书的禁毁、制造文字狱及对知识分子的迫害；四是研究历代知识分子读书、购书、藏书、著述、刻书等各方面的文化生活及其所受文化政策的影响。这一问题的研究将有助于我们加深对中国文化史的认识，拓宽文献史研究的领域。

（2）文献对文明进程的影响。自从我主编的《影响中国历史的三十本书》（武汉大学出版社 1989 年出版，我国台湾洪叶文化事业有限公司 1994 年出版繁体字版）问世以来，有关这方面的研究成果颇有层出不穷之势。仅笔者所见，就有广西人民出版社出版的《影响中国的 100 本书》、《影响世界的 100 本书》，文汇出版社出版的《影响历史进程的 100 本书》，杭州大学出版社出版的《中国典籍在日本的流传与影响》，中国对外翻译出版公司出版的《影响中国近代社会的 100 种译作》等。此外，武汉大学出版社于 1996 年又推出百余万字的《塑造中华文明的 200 本书》（王余光、宁浩主编）。由此可见，学术界、出版界对“文献典籍与文明进程”这一话题的热心与关注。正如有的论者所评说的：通过这一类的研究和著述，我们可以看到书籍经由出版、发行渠道向社会传播以后，在人群中引起的冲击和反响，以及它们对社会、政治、文化、学术、观念乃至行为上的作用和影响。因此，从广大读者的层面，从书籍的实际影响度这样的角度，来追溯并评价先贤典籍对中国历史进程所产生的作用，是可喜的。“时代产生巨著，巨著反映时代”，从而显示出了“印刷文字——书籍，作为人类社会的工具、手段和武器所拥有的巨大力量。”[4]

（四）各种类型文献的揭示与研究

目前在文史哲领域，有关文献的揭示与研究已有了初步的成就，但在其他类型或学科的文献的揭示和研究上，所做的工作还不够。这主要有：

（1）宗教典籍方面。如我国汉文大藏经就有 4200 余种、23000 余卷；藏文大藏经有 4577 部；道教经典也有五六千卷。这些文献都有待我们进一步去揭示和研究。

（2）地方文献的揭示与研究。我国有数量庞大的地方文献，仅方志存世的就有1万多种，这还不包括新编方志6000余种。地方文献内容丰富，但查检、利用均不方便，有待我们去开发与揭示。

（3）科技文献方面。我国历代存世的科技文献也十分丰富，特别是中医、农学、数学、天文历法等方面的文献，都需要加强研究。

（4）少数民族文献方面。我国许多少数民族历史悠久，并留下了丰富的典籍。如1949年前蒙文典籍就有1500余种；藏文档案文书有300万件，古籍约60万函。此外，如彝文、傣文、纳西文、女真文、满文、阿拉伯文等文字典籍，也都十分丰富，需要加强研究。

综上所述，文献学研究，对人们科学地认识、利用文献，对文化、学术、教育的发展，对加强社会主义精神文明建设和加快我国信息社会化进程，都具有重要的理论与现实意义。文献学领域的研究者，大多是高校从事教学与科研的人员，他们把文献学研究与教学相联系，使文献学的发展具有较强的现实性与时代气息。但也要看到，除古籍整理中的某些重大项目外，文献学其他领域的研究，由于人员分散、经费不足等原因，目前尚缺少必要的深度与规模。

参考文献：

1 张舜徽. 中国文献学. 郑州：中州书画社，1982：4—5

2 王余光. 论文献学. 武汉大学学报（哲社版），1988（6）

3 王余光. 出版学与一个大学科体系的初步形成. 图书情报工作，1996（3）

4 徐雁等.《影响中国历史的三十本书》品评录. 出版广场，1996（5）

原载于《图书情报知识》1997年第1期

论历史文献的解释

解释的对象与内容

历史文献的证实是为了证实原文内容的真实性，确立原文的最有限的版本，它不涉及到原文的解释。而历史文献的解释，顾名思义，就是对历史文献的原文解释。一种可靠的历史文献的解释，是能方便人们对历史文献原文的阅读、理解和研究的。可以看到，历史文献的解释，往往需要原文具有可靠性的版本和原文内容的真实性，因为这样的解释就更有意义。这就是为什么中国历史上许多史注都是校勘、考证和注释三者合为一体的。校勘是为了确定可靠的版本，考证是为了确定内容的真实性，在这基础上再加以注释。颜师古注《汉书》，胡三省注《资治通鉴》等著名史注，都是这样做的。

历史文献的原文需要解释，这是由历史文献原文自身的特点和历史的实践性所决定的。对这种解释的必要性，可以历史文献原文的内容与表达形式两方面加以考察。在内容方面，即如郑樵所说，“古人之言所以难明者，非为书之理意难明也，实为书之事物难明也”[1]。应该看到，历史文献是对某一特定环境、特定阶段的历史过程的记载，随着时间的推移，历史文献所记载的那一特定历史过程的内容，对我们来说就变得遥远而陌生了。诸如那些生活习俗、典章制度、事件与人物、地名和人名等，或在时间之流中发生了变化，非解释则难为人所明了；或不常见，非解释则不为人所知。

在历史文献原文的表达形式方面，可分为以下几点：

（1）古代流传下来的历史文献大多没有断句标点，这是阅读的一大障碍，需要加以解释。

（2）语义的变化。近代学者齐佩瑢认为，“社会进化，文物增繁，人类思想，日趋复杂，语言既是传达情意的符号，它的意义当然不能没有因革损益的演变”[2]。他将语义的变化分为六种情况：一是缩小式，即语义的缩小，如“朕”字，古义为人的自称之词，秦以后为天子自称之名。二是扩大式，即语义的扩大。如“江”字，原是长江的专称，后泛指一切江河。三是变坏式，如“臭”，原即是气味之意，后转化为与“香”相对。这实际上也是一种语义缩小的形式。四是变好式，如“臣”字，原义多指男性奴隶，后来转变为做官的人。五是变强式，如“无赖”一词，原本是无才无用的意思，后转变为流氓地痞之称。六是转弱式，如“走”字，原是快跑之意，今“走”字的含义变弱。语义的变化，造成了古义与今义的差异，给阅读原文带来了困难。

（3）语音的变化。语音往往因时、地的区别而有所变化，不少字往往有古音与今音之别，有方言与通言之别。这里特别要说明一个古音通假的问题。所谓古音通假，即是古代汉语里同音或音近字的通用和假借。这种假借字多种情况是本有其字，而人们在书写时，写了一个同音字或近音字。如“惠”假借为“慧”，“曾”假借为“增”，又假借为“层”等。古汉语的这种假借现象，很容易使人望文生义而引起种种误解。

（4）文字的变化。文字的变化主要体现在古今字、异体字、繁简字的区别。对于古今字，了解它们之间的关系，对理解原文是有帮助的。如“供”的古字是“共”，“智”的古字是“知”等，这些古字在阅读中很容易产生歧义。异体字是两个字的写法不同，但意义完全相同，可以互相替代。如“蚓”与“螾”，“诒”与“贻”等。繁简字容易产生误解的是有些简化字与繁体字本是意义不同的两个字，如“后”与“後”，“征”与“徵”等，古书中往往以简替繁，这样也容易产生歧义。

（5）语法的变化。语法在历史过程中虽然变动较小，但古代汉语与现代汉语的运用规则仍有一些差别。这些差别不仅反映在词性、词的活用上，有些句子的倒装、省略等，均与现代汉语有区别，这些区别，给阅读者带来了困难。

上述诸因素，造成了阅读和理解历史文献原文的困难，因此，历史文献的解释就成为一项十分必要的工作。

根据阅读历史文献原文过程中的各种困难因素，我们可以将历史文献的解释分为以下三方面内容：一是断句标点，一是注解，一是翻译。

为什么说断句和标点是属于历史文献解释的内容之一？我们认为，一方面，断句和标点可以帮助原文的理解。事实上，读者在阅读一篇没有断句标点的原文时，先总是要加以断句和标点的，然后再进一步的理解。如果不作断句和标点，原文是无法通读和理解的。对原文的断句和标点，就是对原文的解释，这种解释是人们理解原文的入室台阶。另一方面，不同的断句和标点，往往会造成对原文的不同理解，这也说明了断句和标点是对原文的解释。我们试举一例如下：

> 秦灭诸侯，燔天下书，以国各有史，刺讥其先，疾之尤甚。《诗》《书》所以复见者，诸儒能藏之屋壁，诸国史记各藏诸其国，国灭而史从之，至汉时，独有《秦记》。太史公因《春秋》以为《十二诸侯年表》，因《秦记》以为《六国年表》，三代则为《世表》。当其时，黄帝以来《谍记》犹存，具有年数，子长稽其历、谱谍、终始五德之传，咸与古文乖异，且谓“孔子序《书》，略无年月，虽颇有，然多阙。夫子之弗论次，盖其慎也”。[3]

> 秦灭诸侯，燔天下书，以国各有史，刺讥其先，疾之尤甚。《诗》、《书》所以复见者，诸儒能藏之屋壁。诸国史记，各藏诸其国，国灭而史从之。
>
> 至汉时，独有《秦记》。太史公因《春秋》以为十二诸侯年表，因《秦记》以为六国年表，三代则为世表。当其时，黄帝以来《谍记》犹存，具有年数。子长稽其历谱谍，终始五德之传，咸与古文乖异。且谓孔子序书，略无年月，虽颇有，然多阙。夫子之弗论次，盖其慎也。[4]

这两段文字同出自胡三省《新注资治通鉴序》，内容相同。由于选注者的断句和标点不一样，因此，这两段相同内容的文字，就会产生不同的意思，其主要不同处有二：（1）前者以“……

国灭而史从之，至汉时，独有《秦记》”为一句，并且不分段；后者以“……国灭而史从之”为一句，“至汉时，独有《秦记》”又为一句，并另起一段。（2）前者以“当其时，……盖其甚也”为一句并在“历”后加顿号，在“且谓”后加引号；后者以“当其时，……盖其甚也”为四句，“历”后无顿号，“谱谍”后为逗号，“且谓”后不加引号。这两种不同的分章、标点，使同一原文献就出现了不同的含义。这说明，不同的断句与标点，就是对原文的不同的解释。另外，断句与标点的错误，就会产生对原文理解的错误，这说明错误的断句与标点，就是对原文的错误解释。试举一例：

问今是何世，乃不知有汉，无论魏晋。此人一一为具言所闻，皆叹惋。[5]

问今是何世，乃不知有汉，无论魏晋。此人一一为具言，所闻皆叹惋。[6]

这两段文字同出自陶渊明的《桃花源记》，前者标点正确，“所闻”是指“此人”所闻知的情况；后者将“所闻皆叹惋”合为一小句，这样的标点不合古代汉语语法，从语义上也讲不通，这是对原文的错误的解释。

从上述两方面看，断句与标点就是断句者或标点者通过他们的断句或标点来表达他们对原文的解释。

除断句与标点之外，注释对原文的解释就更直接了。对注释内容的确立，古今注释家们都没有一个统一的标准。应当说，原文哪些内容该注，哪些内容不该注，这是注释者首先要考虑的问题。我们认为，确定注释内容的繁简，应根据读者而定。也就是说，对于具有一般文化水平的读者来说，注释应详细些；对具有较高文化水平的读者来说，注释可简略一些。如同是一篇《左传》中的《郑伯克段于鄢》，它被选入《短文精华》一书中，注者对该文作有一百多条注释，几乎每一小句都有注。而它被选入《左传选》中，仅有 20 几条注释。这种注文的繁简，说明了两书的读者对象不一样，前者是供具有中学文化水平的读者阅读，后者是用来给大学历史系学生阅读的。

考查古今历史文献的注释，其内容大略可分以下三端：

（一）讲解原文大意。许多注释者在对注释对象——原文作具体注释之前，往往对原文作一个总括的题解，这个题解的内容，有的是涉及一本书的，有的仅限于一篇文章的，它包括原文的作者情况，原文所涉及的时代背景，原文的主题，写作过程等。如杨伯峻编著的《春秋左传注》一书，正文前有《前言》一篇，这可看成是对《左传》全书的解释。各篇章之前，有一段注文，是对全篇的解释。

（二）对原文所涉及的政体、制度、宗教、风俗、避讳、事件、人物、时令、天文、地理及各种名称的注释。如：

“月氏故居敦煌、祁连间。”注文：月氏，西域国名，亦月支。原来居住在今甘肃河西走廊的祁连山以北敦煌一带。……到了西汉末年以后，大月氏人建立的贵霸王朝，又向南发展，建都乾陀罗，成为西域强大的国家[7]。——这是对国家的注释。

“都头候章。”注文：都头，军职。节度使之下有指挥使，指挥使之下有都将。都将亦称都头[8]。——这是对军制的注释。

“惧以阿鼻之苦”[9]。注文：阿鼻，梵语音译。意思是不间断。阿鼻地狱是佛教所谓八大地域最苦的地狱[10]。——这是对宗教的注释。

“踞胡床而坐”[11]。注文：胡床，古代汉人席地而坐，后来从少数民族传入一种类似今人坐的椅子的东西，叫胡床[12]。——这是对习俗的注释。

“出爵不待廉茂”[13]。胡三省注：廉茂，孝廉秀才也。光武讳秀，改为茂才。——这是对避讳的注释。

其他如对事件、人物、地名等内容的注释，在各种历史文献的注释中都十分常见。

（三）对原文的字音、词义、句义、语法、照应、体例等方面的注释。如：

“左右免胄而下。”注文：胄音宙（zhòu）盔，蒙蔽头项的军帽[14]。——这既是注音，又是释义。

“又，南人昔有淮北之地，自比中华，侨置郡县。自归附圣化，仍而不改，名实交错，文书难辩。”注文：这是说南朝在淮北地区曾侨立了不少北方的侨州郡，现在淮北已归北朝，这些侨州郡的名称就不免和北方原有的州郡名称有重复，因此主张裁并[15]。——这是对句义的解释。

“既见君子，不我遐弃”[16]。孔颖达注：不我遐弃，犹不遐弃我。古人之人语多倒，《诗》之此类众矣。——这是解释倒装句式。

“桓、庄之族何罪？而以为戳，不唯偪乎?”注文：……详见庄二十三、四、五年《传》[17]。——这是指出原文的前后照应，点明事件的原委。注释中如“事见……年”“为……张本”等形式很常见。

对于一般读者来说，仅依靠标点、注释去阅读一些艰深的古文仍然是有困难的。因此，这就必须要通过翻译来理解原文。翻译也是对原文解释的方式之一，“在这里翻译者必须把要理解的意思经过翻译放进另一个说话人所生活的语境中去。当然这并不是说，翻译者可以随意歪曲另一个人所说的话的意思。倒不如说必须保留原来的意思，但是因为这种意思必须放进一个新的语言世界中去理解，所以它就必须在该语言世界通过一种新的方式表达出来。因此每一次翻译同时也是一种解释。我们甚至可以说，翻译就是翻译者完成了对于交给他的字词的解释。”[18]

我们这里所说的翻译，是指把古代历史文献中的文言译成人人都能看懂的现代汉语。事实上，许多古文往往经过翻译后，还需要加些必要的注释才能看懂。如许多人名、地名、器物名等，在译文中不可能作进一步的解释，因此仍需注释。目前出版的一些历史文献译本，如《尚书译注》、《左传译文》等，都是译文与注释相配合的。

解释的方法

解释者是通过自己对原文的理解所产生的解释结果去帮助他人理解原文的。很显然，解释结果是产生于解释者与原文之间的辩证关系，解释者无法脱离原文去从事解释。

首先我们应当明确的是，原文是一种历史的产物，它总是带着它所处那个时代的印记。因此，解释者不应当根据他自己的特有目的、兴趣和观念去解释过去时代的行为和产物，他只能历史地去解释。这样，解释者如果要去客观地解释过去时代的原文，那么他就应当真切地去理解这原文所反映的那一历史的连贯性，历史的连贯性总是发生在原文之前。假设我们要给《汉书》作注释，很显然，我们必须要对西汉历史，甚至包括西汉以前的历史要有全面的理解，否则，我们就很难做到注释的准确性。

其次，我们不仅把原文看成是一种历史的产物，同样还需要把它看成是一个有机的整体。原文无论是一本书或一篇文章，它的字、词、句、篇章都应是一个密切联系的整体，这个整体正是由这些细节构成的。我们必须根据整体来理解整体，同样我们也必须根据整体来理解细节。脱离了一本书的字、词、句等细节，就无法去理解整体！因此，解释者必须注重对原文细节的理解。然而，要准确地解释细节，又必须在理解整体的基础上进行。

例如，《资治通鉴》卷二十称："是岁，（张）骞还，到，拜为大行。"我们要对"大行"作解释，仅靠这一句话是无法进行的。我们只有通过全书，甚至是那个时代的全部过程这样一个大单位才可以解释"大行"的含义。因此，帕尔默在《解释学》一文中曾说："人们只靠单词或句子不能理解作品，必须依靠作品的更大的单位作为理解的向导，解释学必须与这一基本单位打交道。"

同样的，我们解释一个词语也不能离开该词语所在的语境。脱离了确定的语境，这个词语就会有不止一种含义。如《新五代史·伶官传》上有一句话："梁，吾仇也。燕王，吾所立；契丹与吾约为兄弟；而皆背晋以归梁。"这里的"归"字本身有多层含义，如果脱离了说话的语境，就无法确立一个妥当的意思，我们只有根据这句话所在的语境，才可以给予一个准确的解释。

解释原文，一方面要解释原文所表现的公开而明显的意义，另一方面，还需解释原文的表面意义所暗含的更为重要的意义，通过原文的一个更大单位对这被掩盖的意义作解释。《颜氏家训·勉学篇》有这样一句话："被褐而丧珠，失皮而露质，兀若枯木，泊若穷流，鹿独戎马之间，转死沟壑之际。"前两小句应怎样解释？从表面意义看，古时有"被褐怀玉"和"羊质虎皮"两句话，形容有些人虽外穿布衣，内里却很有真才实学。"被褐而丧珠"和"失皮而露质"这两句话的表面意义就是从上两句话中演化出来的。我们透过这一表面意义，从原文的整体来理解，那么这两句话的实际含义是指南北朝屡经战乱，那些士族子弟失去了原来高贵的地位，而也没有任何才学和道德，他们丧失了耀武扬威的外表，露出了腐朽的本质。

既然说解释的结果是产生于解释者与原文之间的辩证关系，那么，一方面，解释的结果是不能脱离原文的，而另一方面，解释的结果也与解释者本人的理解是分不开的。这就是说，解释者对原文的理解程度，解释者所处的时代及其自身的知识结构等一系列因素，不可能不对解释的结果产生影响。我们试举数例说明之。

《战国策》卷八齐一："举齐，属之海，南面而孤楚、韩、梁，北向而孤燕、赵，齐无所出其计矣。"

东汉高诱注：面向南。

南宋鲍彪注：三国在秦之南。"孤"谓称孤以臣之。

元吴师道注：诸国势不得合，故曰孤。

原文相同，不同时代的解释者出现了不同的解释结果，这说明解释者的知识及对原文的理解程度是直接影响到解释结果的。

又如《论语》阳货第十七："阳货欲见孔子，孔子不见。归孔子豚，孔子时其亡也，而往拜之，遇诸涂。"

南宋朱熹认为："货以礼，大夫有赐于士，不得受于其家，则往拜其门。故瞰孔子之亡而归之豚，欲令孔子来见之也。"

今人杨伯峻先生认为：是孔子探听阳货外出而往拜谢。

这两种不同的解释，不仅反映解释者对原文的理解不同，同时也反映了他们在观念上的区别。

虽然解释者理解的有限性及其观念、知识结构的局限性，不可能不影响到解释结果的正确性，但是对原文的解释应当要求解释者尽可能历史地、客观地去理解原文，使其解释结果最大可能地符合原文作者的本意。

1. 标点与注释。

我们说现在大批古代文献没有标点符号，这不是说古代没有分章和断句标点。“五四”以后的人，写书多是自己分章、断句与标点，而古代分章、断句、标点多出自注释者之手。这样，没有经过注释者整理的历史文献，则多无断句和标点。

汉代就有所谓的“章句”之学，这就是分析图书章节句读的工作。到了宋代，就有所谓“句读”，并施加标点符号。“句”是一句话语意已毕，并加小圆圈，“读”是句中当停顿处，加小点，有时也用小圆圈。宋代学者岳珂在《相台书塾刊正九经三传沿革例》中就谈到当时的部分刻本书已用“句读”。他在该书的《句读》篇中说：“监、蜀诸本皆无句读，惟建本始仿馆阁校书式，从旁边圈点，开卷了然，于学者为便。然亦但句读经文而已。惟蜀中字本，兴国本并点注文，益为周尽，而其间亦有于大义未为的当者。”

图书普遍施用标点符号是在 1919 年以后的事。当时，胡适等人向当时的教育部提交了一份《请颁行新式标点符号议案》，要求在全国推行新式标点符号。这个议案被采用，之后出版的图书多都施加标点。1949 年以后，新政府公布了《标点符号使用法》，要求在全国统一使用。后来，中华书局编辑部根据《标点符号使用法》，草拟了一个《古籍点标通例》（初稿），作为校点古籍参考之用。

这里需要强调的是，古代汉语与现代汉语仍有许多不同的特点，而新式标点符号主要是适用于现代汉语的，因之，有些新式标点符号，如删节号（……）、反诘号（?!）等，不宜用在古籍的标点上。古籍标点较多地使用句号（。）、逗号（,）、引号（“”、‘’或﹃﹄，﹁﹂书名号（《》、〈〉或﹏），专名号（——用在文字的左边）等。

标点断句是注释的基础。中国早期的史注可以追溯到战国时期，《春秋》问世以后，孔子的弟子就对《春秋》做了不少解释。到了汉代，形成了《公羊传》与《穀梁传》两本书，这两本书就是解释《春秋》的。汉代的司马迁、郑玄、高诱等人在对先秦史籍的解释方面作出了不少贡献。魏晋南北朝和唐代，历史文献的注释有较大的发展。因之，刘知几在《史通》中，特列《补注》一篇，是专门用来讨论史注问题的。他在这一篇文字中，将史注分为三类，并对各类史注作了评价，体现了他关于史注的观点。

刘知几认为，第一类为训解式史注，他说："降及中古，始名传曰注。盖传有转也，转授于无穷；注者流也，流通而靡绝。进此二名，其归一揆。如韩、戴、服、郑，钻仰《六经》，斐、李、应、晋，训解三史，开导后学，发明先义，古今传授，是曰儒宗。"这就是说，早期的注释称为传，后更名叫注，实际上是一个意思。刘知几所举的史注，如裴骃、李裴、应劭、晋灼等人注三史，其内容都是以训诂为主，他认为这些史注是史注中的正体，可以"开导后学，发明先义"。

第二类为补阙式史注，他说："次有好事之子，思广异闻，而才短力微，不能自达，庶凭骥尾，千里绝群，遂乃掇众史之异辞，补前书之所阙。若裴松之《三国志》、陈澄、刘昭《两汉书》，刘彤《晋纪》，刘孝标《世说》之类是也。"刘知几对这一类注几乎是完全否定。进而他对裴松之等人的注加以评价说："少期集注《三国》，以广承祚所遗，而喜聚异同，不加刊，恣其击难，坐长烦芜。观其书成表献，自比蜜蜂兼采，但甘苦不分，难以味同萍实者矣。陈澄所注班史，多引司马迁之书，若此缺一言，彼增半句，皆采摘成注，标为异说，有昏耳目，难为披览。窃惟范晔之删《后汉》也，简而且周，疏而不漏，盖云备矣。而刘昭采其所捐，以为补注，言尽非要，事皆不急。譬夫人有吐果之核，弃药之滓，而愚者乃重加捃拾，洁以登荐，持此为工，多见其无识也。孝标善于攻谬，博而且精，固以察及泉鱼，辨穷河豕。嗟乎！以峻之才识，足堪远大，而不能探赜彪、峤，网罗班、马，方复留情于委巷小说，锐思于流俗短书。可谓劳而无功，费而无当者矣。"总而言之，在刘知几看来，象裴松之、陈澄、刘昭、刘孝标等人的史注是以补充史料为主，博而杂，繁而芜，劳而无功，没有可取之处。

第三类是自注，刘知几说："亦有躬为史臣，手自刊补，虽志存赅博，而才阙伦叙，除烦则意有所吝，毕载则言有妨，遂乃定彼榛楛，列为子注。若萧大圜《淮海乱离志》，平衒之四《洛阳伽蓝记》，宋孝王《关东风俗传》，王劭《齐志》之类是也。"刘知几认为，这种自注与补阙式史注有同样的毛病，他说："萧、羊之琐杂，王、宋之鄙碎，言殊拣金，事比鸡肋，异体同病，焉可胜言。"

刘知几将史注分为上述三类，这是从史注的特点上加以划分的，很有见地。但他在史注的评论上很有偏见，虽然他对训解式注释作了肯定，从总体而言，他是不重视史注的。他认为："大抵撰史加注者，或因人成事，或自我作故，记录无限，规检不存，难以成一家之言，千载之楷则。"[19]刘知几是把史注同历史著作一同看待，要求史注也要有一个完整的体系，从而忽略了史注本身的特点。

我们认为，不同类型的史注有着不同的特点和不同的作用，应当对它们进行具体分析。训解式史注是以文字的训诂为其主要内容的，正史中以《史记》三家注、颜师古《汉书》注、李贤的《后汉书》注为代表。以《汉书》注为例，颜师古在《汉书叙例》中称，他整理《汉书》的主要工作是校勘、注音、释义。校勘不是历史文献解释的内容，不作讨论。颜师古作的注音、释义，主要是帮助人们理解原文。《汉书》多古字古语，文字艰深，不作训解式注释，阅读就有困难。

所谓补阙史注，其特点是略于文字的训诂，偏重史料的补充，这也是注释历史文献的重要方法之一。如裴松之的《三国志》注，郦道元的《水经注》和刘孝标的《世说新语》注等都属于这种类型。这种注释往往是适用于那些原文比较简略的历史文献。我们认为，注释者从事注释活动，这不仅仅是注释文字和转达大意，同时也是他根据原文从事构想和创造的过程。注者要对原文中不明确的东西和作者因某种原因在原文中有意留下的不明确的地方加以补充。以《三国志》注为例，如陈寿关于曹操在许昌屯田一事记载仅几十字，读者从中难以了解详情。裴松之在注文中做了大量补充，可使读者对屯田一事有一个比较全面的理解。《四库全书总目》将裴松之注的内容概括为六个方面："一曰引诸家之说，以辨是非；一曰参诸书之说，以核讹异；一曰传所有之事，详其委曲；一曰传所无之事，补其缺佚；一曰传所有之人，详其生平；一曰传所无之人，附以同类。"前两方面不属于历史文献解释的范围，后四方面都是以补充史料的手段来帮助读者理解原文的。

自注也是解释历史文献的方式之一，它是出自作者之手。这可分为两方面看，一是作者自撰其文，自作其注；一是作者引他人之文，然后再作注释。前者如晋司马彪作的《续汉书》，现在我们看到的《后汉书》八志中就有司马彪作的自注。例如："太祝令一人，六百石。本注曰：凡国祭祀，掌读祝，及迎送神"[20]。这"本注曰"就是司马彪的自注。后者如杜佑的《通典》自注。例如卷一："故废井田，制阡陌，任其所耕，不限多少。"杜佑注："孝公十二年之制。"作者借助这些注文使自己的意思表达得更为完整而明白。

2. 翻译。

把古代汉语翻译成现代汉语是一件相当困难的事情，这不仅因为古汉语中有许多名词不好直译，而且古代汉语中多有节省、排对、押韵等，要译得很通畅也不容易。

对一些具体问题，不同的译者有不同的作法。如沈玉成译《左传》，凡地名、官名、时间一概不译，文中有节省的，将节省的内容写在括号内，在词义和语法上力求和原文对应，其中不易直译的适当参以意译。台湾柏杨所译的《资治通鉴》，遇地名时仍用古地名，另夹住今地名；官名则全用现代人所了解的称谓，夹住原称；年使用公元。译者认为，他"不但忠于原文，译出一部可以代替原版的《资治通鉴》，还要发挥神韵，使它简单清楚，不依靠任何工具书，都可畅读"[21]。

早在上个世纪末，严复曾就翻译的标准提出了自己的看法，即久为人知的"信、达、雅"三条翻译标准。这三条标准当时是就外文译成中文而言的，但对古汉语译成现代汉语仍然是适用的。"信"要求译文忠实原文，"达"要求译文通畅顺口，"雅"要求译文修辞优美。译文要完全符合这三条标准，应当说，这就是翻译的最高境界了。

参考文献：

1 郑樵．通志·艺文略

2 齐佩瑢．训诂学概论．中华书局，1984：70

3 资治通鉴选．中华书局，1965：391

4 中国历史要籍序论文选注．岳楚书社，1982：156

5 载《陶渊明诗文汇评》．中华书局，1961

6 载《古文观止》．文学古籍刊行社，1965

7，8，15 资治通鉴选．中华书局，1965：1—2，372，95

9 梁书·范缜传

10，12 中国古代史教学参考资料．第三册：244，114

11 晋书·王猛传

13 资治通鉴．卷31。

14 左传选．中华书局，1963：87

16 诗·周南·汶坟

17 春秋左传注．中华书局，1981：309

18 伽达默尔．真理与方法．三篇：语言作为解释学经验的媒介，载哲学译丛．1986（3）

19 史通·补注

20 后汉书·百官志二

21 白话译本资治通鉴·柏杨序．中国友谊出版公司，1984：3

原载于《武汉大学学报》1987年第6期

试论中国历史文献学研究中的几个问题

中国历史文献学作为一门独立学科的建立，还是近几年内的事。今天，古典文献的整理工作是我国文化事业中的一件大事，为了适应这种形式的需要，加强对我国古典文化遗产的整理和研究，建立一门中国历史文献学是具有十分重要意义的。

文献与历史文献

文字是文献构成的必要条件。就目前掌握的资料知道，古代西亚苏美尔文字为今天所知道的最古文字，属公元前四千年代后期，当时的书写工具是以泥版当“纸”，以剥成三角尖头的芦苇秆、木棒或骨棒当笔。人们在润湿柔软的泥版上，用这种笔刻成各样的图形，来表示一定的意思。由于这种文字形状像木楔，因而称为楔形文字。这种楔形文字一直使用到公元前后，后来才被先进的字母文字所代替。可以知道，苏美尔时代所留下的用楔形文字写成的泥版，是当今保存的最早文献。

古代埃及的图形文字，距今也有近五千年的历史。在埃及早期王国时期，就有了以表形符号、表意符号和标声字母相结合的象形文字出现，其中有单辅音符号二十四个，这是人类最早创造的标声字母。当时埃及人把纸草树茎切下来，粘卷成“书”，成为萌芽时期的文献形式之一。后来（约公元前1400年），埃及人用羊皮或粗皮经过处理，用作书写的“纸”，使纸草的卷状文献形式过时，导致了四方形文献形式的出现。

在我国，甲骨文是目前知道的最早文字，距今约有三千五百年的历史。甲骨文是把当时人们占卜结果，用文字记刻在龟甲和兽骨上，这种刻有文字的甲骨文片是目前我国保存的最早文献。

分析这些早期文献，可以看出，它们已具备现代文献的一些实质性的东西。这些实质性的东西，我们可以归纳为三个方面：

（一）具有一定的物质形式。如泥版、纸草和甲骨片等。

（二）具有一定的文字内容。一九一二年，学者曾研究一块刻有楔形文字的苏美尔时期泥版，发现上面刻有恒星目录和天神名单。我国的甲骨文，主要是刻着当时人们占问的事情和结果，以及占问后事情发展的情况。

（三）有一定的社会作用。在我国，甲骨文是当时人们占卜和记事的主要手段；它又是我们研究上古史的重要历史文献。

随着历史的推移，文献从内容到形式，都经历了一个很大的发展过程。文献的多样性，导致了人们对文献认识上的分歧，因此人们给文献所赋予的含义也是多种多样的。* 在这里，文献是指有一定的历史价值和研究价值的图书与其他文字资料。历史文献是文献的一个组成部分，它是关于历史的记录或历史现象在文字上的反映，是历史研究的主要资料。另外，历史文献又是史料的一部分，我们说，史料的主要来源有文字的、实物的（如考古遗迹）和口传的（如民歌）。历史文献只是史料中的文字的那一部分。

随着历史研究的不断深入，人们对史料的观念也在不断变化，史料的范围越来越扩大。除实物的和口传的史料外，单就文字的史料而论，不但专门的历史文献可以作为史料，其他文献往往也可以作为史料。如对民歌的搜集，故事的采访，也可获得许多带历史成分的材料。我国近代不少历史学家，以《诗经》治史，以唐诗治史，也都开出了一番新天地。这样，要严

---

* 关于文献的定义很多，如“文献是知识的记录”，文献是“以文字、图形、符号、声频、视频等为主要手段，并能构成一条款目的一切知识载体”等。在中国古书上，文献二字联成一词，是《论语》开始的，后来的学者们把“文”理解为典籍，“献”理解为贤人的言论。清徐灏说：“载诸典籍者文也，传诸其人者献也。”（《说文解字注笺》）可以看到，文献在古代指的是文字资料和传说、言论资料。马端临的《文献通考》中“文献”正取此意，其自序中说，他这本书的取材一是书本的记载，一是学士名流的议论。正是文字资料和言论资料的结合。

格区分历史文献和非历史文献，那是困难的。这里，我们还是以专门的历史文献，作为历史文献学的主要研究要素，但这并不排斥历史文献学对那些间接的历史文献的研究。

我们考察历史文献，从整体上看，并不像一般人所认为的那样，历史文献是死板的东西，只有这一文献与那一文献的不同，这一时期的历史文献与那一时期的历史文献的不同，谈不上什么联系。其实不然，历史文献自产生以后，是经历了一个相当长的发展过程，历史文献从产生到发展，总带有它所在时代的烙印。每一时期的历史文献又不能不受前一时期历史文献的影响，而其本身又影响着后一时期的历史文献，无论从历史文献的形式到内容都是这样。这就是我们所说的历史文献本身所具有的内在联系。

从历史文献自身加以考察，历史文献是包含着十分丰富的内容，同时又具有一定的局限性。关于历史文献的内容，第一，它总是记录着一定的历史现象或一定的历史史实。这一点也是历史文献的本质特点。历史文献所记录的历史现象或历史事实大多总是与一定的时间（年代）和一定的空间（地点）相结合，使其成为历史研究的重要材料之一。第二，历史文献包含着众多的知识成分，除历史的外，还有如文学的、政治的、艺术的、科技的等。历史文献内容的丰富性，是历史文献的特点之一。第三，历史学家通过历史文献，可以总结出一些历史现象的规律性的东西来。历史是过去了的东西，我们可以通过历史文献去认识历史，了解历史，乃至把握历史。在这里文献虽然是一种被动的东西，但就其在历史研究中的作用而言仍是十分重要的。

历史文献又具有一定的局限性。首先，历史文献是史料的一部分，研究历史单靠历史文献有时是不够的，必须还要同实物资料和口传资料结合起来。其次，历史文献中有不少不能真实反映历史史实，这其中有的是人为的歪曲、夸大和伪造历史史实，有的是历史文献在流传过程中由于自然灾害或人为的毁坏而造成残缺不全，或由于传抄、刊刻不精而造成的错误，这些都影响历史文献的价值。第三，有些历史文献由于时间和地点不可考，即便内容很好，也不易利用。第四，有的历史文献记载不详或含糊不清，影响了历史文献的利用。

历史文献的研究对象和范围

历史文献作为文献的一个独立部分，其本身具有一定的内在联系和体系结构：历史文献作为每一个体，又是由特定的知识内容与特定的物质载体相结合，成为历史研究资料的一种特定形式。描述每一时期历史文献的个性特征，揭示各个时期历史文献发展的规律及其内在联系，这是历史文献学研究对象的主要因素。

我们知道，有历史文献的产生和发展，相伴随的就是有历史文献工作的形成和演进。所谓历史文献工作，简单地说，就是人们搜集、认识、整理和利用历史文献的一系列活动。搜集历史文献，对历史文献从个体角度上进行分析，从群体角度上进行归纳，这就是人们对历史文献的认识过程。通过这一认识过程，人们可以根据历史文献的特点加以整理和利用。系统的搜集、认识、整理和利用历史文献，这就是历史文献工作的内容。

考察一个时期的历史文献工作，是不能脱离该时期的历史文化背景的。历史文献工作又是一种特定的文化活动现象，它要认识与整理历史文献，满足历史文献的社会需要。这种文化活动是有其自身的规律，这种规律决定了一个时期历史文献工作内部各项活动的相互联系性；同时也决定了各个时期历史文献工作的相互继承性。从上述两个方面可以看出，历史文献工作不仅具有一定的社会历史和社会文化相联系的广泛性，而且更重要的是，它自身的规律决定了历史文献工作具有活动领域的特殊性。这种广泛性和特殊性使历史文献工作不是间断的、孤立的，而是连续的、整体的。这一连续的、整体的历史文献工作成为文献学研究对象的一个不可缺少的部分。历史文献学正是一门研究历史文献工作形成和发展的一般规律的学科。

我国历史文献，从甲骨文算起，已有三千五百年的发展过程了，东汉纸的发明，使历史文献的材料形式发生了根本的改变；隋唐期间雕版印刷术的出现，不仅使历史文献的书写形式发生了变化，而且在其数量上也得到了剧增。我国劳动人民的多才多智，以及众多的民族、辽阔的地域、丰富的物产、美丽的山河等都在历史文献中得到了比较详细而完备的反映，使历史文献的内容极为丰富。历史之悠久，数量之巨大，形式之多样，内容之丰富，也是我国历史文献的特点。

历史文献学是以历史文献和历史文献工作形成与发展的一般规律作为自己的研究对象，那么它的研究范围就大致可以从以下三方面加以概括。

（一）历史文献学理论的研究。这里主要是包括历史文献学的一些基本概念，研究对象、范围的方法，学科体系及与其他学科的关系等。

（二）各个时期历史文献和历史文献工作的研究。具体说，一方面描述各个时间历史文献发展的过程和规律，揭示各种历史文献的内容、体裁以及物质形式的特点，评述历史文献的价值等。另一方面就是结合社会历史和文化背景，阐明各个时期历史文献工作的具体过程，即搜集、认识、整理和利用历史文献。在此基础上总结出历史上历史文献工作的基本思想，一般原则和普遍规律，进而对各个时期的历史文献学家，历史文献工作的成果加以评价，以资当今历史文献工作的借鉴和利用。

（三）历史文献工作理论与方法的研究。以历史文献工作的实践为基础，阐明历史文献工作一般过程、原则、规律和任务，解决历史文献工作的实际问题。例如分析历史文献的特点；总结历史文献工作的经验和方法；了解历史文献的社会需求，找出解决这一需求的途径等。

历史文献学与其他学科的关系

历史文献学作为一门独立的学科，有着自己的研究对象和任务。而历史文献作为文献的一个部分，历史文献学又是文献学的一个重要组成部分；历史文献学作为历史学的一个辅助学科，又与历史学有着十分密切的联系。此外，历史文献工作不仅要借助目录工作的一些原理和方法，同时还要借助古汉语、甲骨文字学、金石学、年代学和历史地理学等学科知识。总之，历史文献学在研究上不可忽略与其他学科的相互关系。

文献工作作为文献学研究对象的一个部分，其主要内容是对文献的搜集、分析、整理和利用。历史文献工作是文献工作的专门化和深入化，它的基本原理和基本方法与文献工作是相一致的，但历史文献工作又有着自己的工作原则和特定的工作方法，这是由特定的历史文献本身所具有的特点决定的；此外历史文献工作的利用又有着自己相对独立的领域，就是说历史文献工作是作为历史研究的基础之一，其成果是直接为历史研究服务的。历史文献学正是具有这两方面的特殊性，因此它与文献学既相联系，又相区别。

历史文献学又是历史学的一个辅助学科。历史学作为一门综合性的学科，其基本特点是历史性和客观性，它必须尊重历史事实和客观的真人真事，来揭示历史发展的一般规律。真实的史料是历史研究不可缺少的素材。这一特点同样适合历史文献学。历史文献工作必须实事求是，使历史文献更真实可靠，历史文献工作本身正是以求得真实的，便利人们使用和掌握的历史文献为己任，其一切工作方法，如目录、校勘、考证、注释等，都是为这一任务而服务的。也正是这样，才使得历史文献工作可以成为历史研究的基础。

考察历史文献工作的全部过程，可以大体将这一工作归纳为几大步，对这几步工作的分析，可以看出历史文献学与其他学科知识、学术思潮和方法有着不可分割的联系。

对历史文献的搜集，是历史文献工作的第一步。西汉时，武帝开献书之路，建藏书之策，置写书之官，下至诸子传说，皆充秘府，这是历史文献的一次搜集。清朝修《四库全书》，也在全国搜集图书文献。私人搜集文献资料更是举不胜举。这种搜集工作为文献整理和利用打下了基础，在某种程度上也起到了保存古代文献的作用。

对历史文献的整理，首先对历史文献要有所认识。文献学家们在整理文献中，采取什么样的态度和方法，这就是他们的认识论和方法论。每个时代的政治思想以及学术思潮，无不对文献学家的这种认识论和方法论有着重大的影响。我们说，西汉的今文学派，东汉的古文学派，魏晋的玄学，隋唐佛学，宋明的理学，清代的新汉学，乃至近代的新学，每一时期的政治和学术思想，对文献家无不影响至深，他们在对待和整理文献过程中，采取的态度和方法都受其学派的左右。从两汉今古文学派的发展，就可看出这种影响的一斑了。今文派盛于西汉，他们有所谓的“家法”和“师传”，以发挥儒家的微言大义为己任，力求“通经致用”，这样他们在整理注释古代文献时，多是空疏的发挥，冗长而繁琐。《尚书》中“尧典”二字，其解说就达十多万字。他们为求得通经致用，因而不注重求真。东汉盛行的古文经学派，偏重名物训诂，反对主观的发挥，开了考据学的先河。这里可以看出文献学家所宗学派不一样，在其文献工作上所采取的方法也各异。因此，历史文献学不能忽略对历史文献学家的认识论和方法论的研究。

历史文献从被认识到被整理，这是一个相对完整的过程。文献整理的方法很多，它们往往各相独立，但又相联系。这些方法一般是目录、版本、校勘、注释、考证、辨伪和辑佚等。仅对考证这一方法加以考察，历史文献工作可用的途径之多，与其他学科联系之繁密就很清楚了。清乾嘉二朝，历史考据学大盛。其实，由裴松之《三国志注》到司马光《资治通鉴考异》，很多地方就是依据事理来推论历史事件的真实性，这是早朝的历史考据学。宋代以后，古器物、古文字、古礼制及其金石学等研究渐兴，为历史考据学提供了不少旁证。清代乾嘉学派，更从名物训诂，地理沿革和年代变化等方面，旁证曲喻，根据历史文献中自相矛盾之处提出问题，以史料的排比作出判断，这就是所谓“实事求是”。由此可见，历史文献工作是需要借助文字学、金石学、年代学、历史地理学等学科知识，从中也看到，历史文献学与其他学科的联系是十分密切的。

原载于《图书馆学研究》1985 年第 1 期

20 世纪中国文献学研究综论

20 世纪是中国学术现代化确立的时期。传统学术的继续发展与西方学术思想的引进，对中国学术现代化的形成，产生了深远的影响。在这样的背景下，文献学在传统文献学的基础上，逐步形成了一门独立的学科，并在 20 世纪后期得到了较快的发展，一大批研究成果相继问世，对学术界、读书界及图书馆学教育等领域，都有着广泛的影响。

概观百年文献学的发展，有几个主要问题值得关注：一，古典文献的研究、整理与出版；二，文献学研究的阶段性；三，文献学研究的主要路径。

古典文献的研究、整理与出版

首先，总结 20 世纪文献的新发现，如甲骨文献、简策文献及其他出土文献。这些新发现的文献为各学科的研究提供了宝贵的史料，同时，它们也是文献学或文献史研究重要的素材。特别是近十余年间的一些重大发现，如湖北荆门郭店楚墓出土的战国简策，湖南长沙走马楼出土的吴简等，都还未从文献学的角度加以总结和研究。

其次，总结 20 世纪古籍的整理与出版，这可以分为几个主要方面：(1)《四库全书》系列，如《四库全书》、《四库全书存目丛书》、《四库禁毁书丛刊》、《续修四库全书》、《四库未收书辑刊》等，以及一批相关工具书及研究著作的出版，形成了一门“四库学”，丰富与深化了文献学的研究。(2) 综合性丛书系列，如《四部丛刊》、《四部备要》、《丛书集成》等，以及相关的工具书《中国丛书综录》等。(3) 二十五史系列，如百衲本、标点本及各种版本的《二十五史》整理出版，《二十五史》的补编、三编、订补等。(4) 历代诗、词、文的整理与出版，与古代戏曲、小说的整理与出版。诗文方面，如《全唐五代诗》、《全宋诗》、《全明诗》、《先秦汉魏晋南北朝诗》，《全宋文》、《全辽文》、《全金文献》等；词曲方面如《全唐五代词》、《全宋词》、《全金元词》、《全明词》、《全清词》，《全元散曲》、《全明散曲》、《全清散曲》、《古本戏曲丛刊》等；小说方面如《白话中国古典小说大系》、《古本小说集成》等。(5) 十三经、诸子、理学、科技等，如《十三经注疏》的整理与出版，《新编诸子集成》、《理学丛书》及各种古代科技著作的出版。(6) 佛道系列，如《中国佛教典籍选刊》、《中华大藏经（汉文部分)》等。(7) 少数民族古籍的整理与出版，如近期出版的《纳西东巴古籍译注全集》一千册，经过众多研究者20年的整理释译而成，令世人瞩目。(8) 其他，如方志、类书的整理与出版。

文献学研究的阶段性

百年文献的整理、出版与研究，为文献学研究提供了宝贵的实践经验与丰富的材料，推动了文献学的发展。综观20世纪中国文献学的发展，大致可分为三个阶段：20世纪前期（前40年），20世纪中期（中40年），20世纪后期（后20年），约略反映了百年间文献学的形成、发展与繁荣的过程。

前40年，文献整理出版都取得很大的成就，当时一些重要出版社，如商务、中华、开明等，投入大量人力物力，整理、影印或出版了一大批古籍。一些新面世的文献，如甲骨文、简册、敦煌遗书、明清档案等，逐步受到人们的重视。新文献的发现，改变了前人从古书到古书的做法，运用新材料与古书相印证，得出了很多新的结论。而近代以来，引进西方的一些治学思想和方法，对文献学研究也有影响。在这样的背景下，胡适、梁启超、陈垣、洪业与哈佛燕京学社引得编纂处等，都作出了不小的成绩。如胡适的《清代学者的治学方法》，梁启超的《中国历史研究法》、《古书真伪及其年代》，陈垣的《元典章校补释例》以及洪业等人编纂的数十种古书引得。20年代，梁启超提出文献学，并认为文献学即是广义的史学，是研究各门学问的基础，所做的工作是校勘注释、去粗取精、去伪存真，为学术研究提供可靠的材料。此后不久，郑鹤声、郑鹤春写成《中国文献学概要》，1930 年由商务印书馆出版，这是我们见到的第一部以文献学命名的著作。郑氏认为，编纂、结集、审订、出版、翻译、传播等，均为文献学研究的内容，这与传统文献学（以目录、版本、校勘为主要内容）已大不相同。文献学作为一门独立之学，其形成已见端倪。

这一时期，中国文献史的研究也取得了丰硕的成果。文献史研究，考其源流，可追溯到《汉书·艺文志》的总序，后世不少目录仿其制。独立成书者应以明代胡应麟《经籍会通》为首创。进入 20 世纪初，主要著作有叶德辉《书林清话》、《余话》，孙毓修《中国雕版源流考》，王国维的《简牍检署考》，陈彬和、查猛济的《中国书史》，陈登原的《古今典籍聚散考》等。

中期 40 年，由于受到战争、政治运动等因素的影响，文献学的研究相对沉寂，值得特别提出的是，张舜徽先生在文献学上的贡献。1945 年张先生出版《广校雠略》，对文献典籍的著述体例、标题著者、引注、序例、注释、流布、校书方法、审订伪书等，都作了仔细的阐述。后来作者又出版了《中国历史要籍介绍》、《中国古代史籍校读法》、《清人文集别录》等文献学著作，为作者在 20 世纪 80 年代的文献学研究奠定了重要的基础。这一时期，在文献史研究方面，也有一些成绩，比较重要的有杨寿清的《中国出版界简史》、刘国钧的《中国书史简编》、李文琦的《中国书籍演变论集》、昌彼得的《中国图书史略》、钱存训的《中国古代书史》等。

后期 20 年，是现代文献学研究的繁荣时期。自从 1982 年张舜徽先生出版《中国文献学》以来，文献学著作大有层出不穷之势。究其原因，可细分为如下几点：（1）文献是学术研究的基础，20 世纪后期，学术研究的兴盛，学界逐步重视对文献的搜集、整理与利用。（2）文献知识与检索，是学习的重要手段，许多大学都把文献学的相关知识作为基础课程。（3）文献书籍是社会信息的主要来源，因此，一些导读著作很受广大读者青睐。(4) 古典文献的源远流长，为文献学的发展奠定了重要的基石。(5) 文献学作为一门独立的学科初步形成，为文献学的发展提供了理论上的支持。(6) 文献学研究队伍的壮大，许多相关学科的研究者开始关注并从事文献学研究，为文献学的发展注入新的活力。

文献学研究的主要路径

20 世纪，特别是后 20 年，文献学的发展是多途径的。概括起来，约有如下几大系列：

古典文献学系列，其主要作者有张舜徽、王欣夫、吴枫、罗孟桢、王燕玉、杜泽逊、程千帆、徐有富等。他们基本上以传统古籍整理的方法，即目录、版本、校勘等，加以立说。张舜徽的《中国文献学》构建了古典文献学的规模，并建立了这一系列研究的基本范式。

新型文献学系列，其主要作者有倪波、洪湛侯等。洪湛侯在《中国文献学新编》中，用形体、方法、历史、理论四方面来构筑文献学的框架，但其基本内容还是古典文献学的，只是组配的方式有所不同而已。倪波等人的《文献学概论》，在建立新型文献学方面做了有益的尝试，超越和更新了传统文献学研究的内容。

分科文献学系列，目前，仅就笔者所见，有文学文献学、历史文献学、档案文献学、社会科学文献学、科技文献学、教育文献学、中医文献学、法律文献学、经济文献学、文学批评文献学等。这一系列的研究并没有一种统一的范式，各自从本学科文献特点出发，以文献揭示为目标，便于人们了解学科文献的面貌。

分支文献学系列，主要有文献传播学、文献社会学、文献计量学、文献保护学、文献目录学、文献信息学，以及新近所见的文献经济学。这一领域的作者都比较年轻，他们勇于接受新知，运用相关学科的思想、方法，丰富与发展了文献学的研究，他们将成为文献学研究的生力军。

文献史研究系列，从广义看，文献的编纂、印刷、出版、发行、交流、收藏的历史以及图书史等，均可看成是文献某一侧面的发展史。这方面的著作很多，主要专题史都已涉及，但仍缺少一部综合反映文献发展的史著。

文献学史系列，目前可以见到的有中国文献学史、中国古典文献学史、中国历史文献学史，其实三者所涉内容基本相同。在某种情况下，文献学、历史文献学、古典文献学，三者是同一意思，没有太大的区别。

文献学专题系列，如周文骏《文献交流引论》、张欣毅《现代文献论纲要》、朱渊清《中国出土文献与传统学术》等。特别值得关注的是，“典籍导读”与“书籍与文明进程”两个专题，近20年间，成果层出不穷，在读者中有广泛的影响。向来被认为是“书斋”式的文献学，有了一次面向社会的尝试，应当说是相当成功的。

资料结集与工具书的编纂，这主要包括三个方面：一是文献学资料结集，如《文献学论著辑要》、《中国历代图书著录文选》，以及各类文献学专题资料集等；二是文献学家与著作研究，如《郑樵校雠略研究》、《中国古代文献学家研究》、《文献家通考》、《中国文献学要籍解题》等；三是文献学工具书的编纂，如《中国古文献大辞典》、《简明中国古籍辞典》、《文献学辞典》、《中国方志大辞典》等，以及各种专书辞典。

结语

总结历史，展望未来。在21世纪知识与信息时代，文献学作为研究、整理、利用文献的一项专门之学将会更加受到关注，其本身亦将以全新的视野，开拓文献与知识研究的新领域，以适应时代发展的需要。首先，研究者一方面将注重文献学自身的建设，如资料的结集与文献学理论体系的探究，社会发展与文献学研究，文献学教育、文献学与相关学科的关系等；另一方面将注重文献典籍与人类社会进步、文化及现代生活的研究，如文献价值、文献信息与传播、文献与社会生活、典籍与阅读文化、书籍对人类文明进程的影响等方面的研究。其次，在科学技术日新月异的时代，文献量急剧增加，人们普遍地传播和接受大量文献信息，已成为一种生活方式和工作方式。因此，文献学在揭示、整理、加工、检索、计量、利用文献等方面，将使用更现代化的手段，以适应人们的需要，对研究者来说，这将是一个持久的挑战。

原载于《图书情报工作》2002 年第 11 期

中国文献学理论研究百年概述

“文献学”一词始见于1920年梁启超的《清代学术概论》——“全祖望亦私淑宗羲，言文献学者宗焉。”三年后，梁氏在《中国近三百年学术史》之“清初史学之建设”一章中又说：“明清之交各大师，大率都重视史学——或广义的史学，即文献学。”梁启超的这一观点，代表了后来许多学者的共同看法，即文献学是研究中国古代文化的基础，所做的工作是校勘注释，去粗取精，去伪存真等，为各学科提供材料，而非是一门学科。《中国文献学概要》（1928年版）是第一部直接以“文献学”命名的著作。该书作者郑鹤声认为：“结集翻译编纂诸端，谓之文；审订讲习印刻诸端，谓之献，叙而述之，故曰文献学。”这与梁启超对文献学的理解不同，有人认为此书实质上是中国文献流布史，没有廓清所谓的中国文献。[1]另外体系结构缺少内在逻辑性，体现了古典文献学脱离“校雠学”之名初期理论研究的片面性和迷盲性，因而该书问世后未能引起学术界的必要的重视。此后五十余年间，尚无一部文献学理论著作出版。

80年代以来，随着政治形势的改观，经济的繁荣，学术文化气氛逐渐活跃，加上社会对文献的需求和认识的普遍提高，中国文献学理论研究进入一个兴盛时期，涌现出大批的文献学研究成果。本文依据学者们对文献学的学科体系结构、研究内容和研究范围等基础理论问题的认识，将20世纪的中国文献学的理论研究划分为古典文献学、分科文献学、现代文献学和综合文献学四大部分，并分别选取一些代表性学者的主要著作观点加以梳理条析，以求概述全貌。

一、古典文献学

（一）源流

中国文献历史悠久，自有文献开始，古典文献整理活动就从未间断过。在历代大量的官府和私家文献整理的实践基础上，一些专家学者对有关的经验和方法进行了归纳总结。汉代刘向、刘歆首创“校雠”之名后，宋代学者郑樵的《通志·校雠略》较全面地总结了前人的校雠理论和方法，极大地扩充了校雠范围。“举凡官专守，搜集图书，辨别真伪，校订误谬，确定类例，详究编次，设法流传等，均包括在内”。[2]至清代，章学诚强调“辨章学术，考镜源流”，其著作《校雠通义》突破了长期以来局限于方法层面总结，将校雠学同学术史相结合，把它上升到了学术的高度。虽然历代学者对校雠之义众说纷纭，引申极广，但目录、版本、校勘三者始终是其核心内容，就在这理论总结和实践活动的连续互动过程中，校雠学产生并逐渐发展成熟。

“我国古代，无所谓文献学。而有从事于研究、整理历史文献的学者，在过去称之为校雠学家。所以，校雠学无异成了文献学的别名。”[3]任何学科都是在不断地分化和综合中积累发展的，时至20世纪初，随着中西方文化冲撞交融，科学观念的引入和文献环境的变化促使一批学者广义地提出“文献理论和方法，或拓宽其内容，这就形成了古典文献学。古典文献学仍以古典文献的研究和整理为主要内容，研究包括文献的源流、积聚、散佚及典籍体式等，整理包括文献的辨伪、版本、辑佚、类纂、目录、注释等。同时，历史文献学家及其成就、文献学史、文献学基础理论等内容也逐渐为学者们重视。

（二）著名的古典文献学家——张舜徽

著名的古典文献学家张舜徽先生学识渊博，贯通古今。他在文字学、史学、古典哲学等领域造诣颇深，同时，他在长期的读书治学生涯中进行了大量古典文献整理工作，为其文献学思想奠定了坚实的实践和理论基础。因此，从这位典型学者身上我们可以窥见20世纪中国古典文献学理论研究发展的全影。

早在 1945 年，张舜徽先生出版了《广校雠略》（1945 年中华书局版）一书。在《自序》中他分析了自己的撰述思路，“首正校雠之名，次辨著述之体，复历析乎二千年来儒学大小深浅之故”。至于“部类分合之际，书籍散亡之原，以及校正伪谬之术，旁涉搜辑遗书，审定赝品，虽属附庸，尤为纲领，因论立题，各相统摄，乃效郑氏《通志·校雠略》”。可见，此书主要继承了郑樵“明群籍类例”，章学诚“辨学术源流”的校雠之旨，进一步扩大校雠学的研究内容，组成了较为清晰完整的体系结构。此后，在他众多的文献学著作——《中国古代史籍举要》、《清人文集别录》、《清人笔记条辨》等书的基础上，1982 年，张先生的又一部极具影响力的著作——《中国文献学》（1982 年中州书画社版）终于诞生了。该书分十六编六十章，第一编绪论阐述了文献学范围和任务，古代文献的材料和散亡等。其余各编分别叙述了古代文献的著作、编述体例、钞摹、写作的模仿、讹托、类辑等；对前人整理文献的具体方法和步骤，历代校雠学家整理文献的业绩，都作出总结；最后就今后整理文献的主要目的、重大任务提出了自己的看法。作者认为，过去的校雠学相当于今天的文献学。我们应“继承过去校雠学家们的方法和经验，对那些保存下来了的和已经发现了的图书、资料（包括甲骨、金石、竹简、帛书），进行整理、编纂、注释工作，使杂乱的资料条理化、系统化，古奥的文字通俗化、明朗化，并且进一步去粗取精，去伪存真，条别源流，甄论得失，替研究工作者提供方便，节约时间，在研究、整理历史方面，作出有益的贡献，这是文献学的基本要求和任务”。[4] 他甚至提出，文献学的落脚点和最大目的在于“创立新的体例，运用新的观点，编述为有系统、有剪裁的总结性的较全面、完整的中华通史。”[5] 显然，“文献学”比“广校雠”具有更深广的内涵和外延，它是适应时代需求和学术发展的必然结果。但从以上材料可以看出，作者与梁启超观点基本一致，主要是从史学角度考察文献学，构建其内容体系，他认为中国文献学就是古代校雠学的延伸和发扬，是文史研究者所必备的辅助知识和技艺，而并非一门独立的学科。

（三）古典文献学其他各家

与张舜徽先生的《中国文献学》同时，吴枫出版了《中国古典文献学》（1982年齐鲁书社版），这是古典文献学研究的又一力作。该书共八章，系统讲述了古典文献的积聚、散失、源流与分类，类别与体式，四部书的构成及其演变，类书、丛书与辑佚书，文献目录与解题，版本、校勘与辨伪，古典文献的收藏与阅读等，涉及内容广泛。尤其首次着重叙述了民族文献，成为该书的突出特色。但是该书主体部分仍围绕着目录、版本和校勘，与张舜徽先生的《中国文献学》在许多方面的理论探索不约而同，只是把各主题分散到了文献的各种表现形式中。《文献学讲义》（1986年上海古籍出版社版）是王欣夫于1957年至1960年在复旦大学中文系讲授“文献学”时的讲稿。全书四章：绪言、目录、版本和校雠，对目录、版本和校雠三个方面的源流演变以及主要人物、著作作了较全面的叙述。罗孟祯的《古典文献学》（1989年重庆出版社版）同前者相比，篇章结构雷同。不同之处是该书的校勘学与目录学、版本学并列论述，较符合人们一般的认识。两书虽然都涉及了文献学的一些命题，但就总体而言仍属于校雠学。九十年代以来，我国又有两部文献学著作问世——王燕玉的《中国文献学综说》（1997年贵州人民出版社版）和洪湛侯的《中国文献学新编》（1994年杭州大学出版社版）。它们的内容结构与上文诸家没有大的差别，只是开始专门讨论了文献学的一些学科理论问题。前者认为文献学应以疏通整理文献本身为范围，其中以书籍为主要对象，以提供系统可靠材料给别人治文、史、哲诸学为主要作用。洪湛侯1987年撰文指出，文献学不仅包括人们通常认为的文献整理方法，还应包括文献学历史、理论及文献本身的特色，即要以体、法、史、论来构建文献学的独立学科体系。[6]《中国文献学新编》就是基于以上思路展开的，作者特设“理论编”，试图探讨文献学理论形成过程、特点等问题，但著作因篇幅太小而不太详尽。值得一提的是，齐鲁书社在1998年终于完整地推出了由程千帆、徐有富合著的《校雠广义》，此书共有版本、校勘、目录和典藏四编。它源于程千帆40年代的初稿，屡经波折，至今才得以付梓，对于“包括版本、校勘、目录和典藏四个部分的校雠学，也许这是第一次得到全面的表述。”[7] 作者认为校雠学与校雠学史属于两个不同的范畴，因此“将重点放在这门科学的实际应用的论述方面，而省略其历史发展的记载。”[8]

二、现代文献学

（一）图书情报领域内研究的现代文献学

随着封建藏书楼的衰落，中国近代图书馆应运而生。它们一般采用了西方的文献组织、整理的技术和方法，借鉴其先进的管理制度，大量收藏了西方自然科学和社会科学领域的文献，适应了社会需求，因而得到较快的普及和发展。经过几十年的逐步发展，尤其是八十年代以来，我国的图书情报事业取得了巨大的成就。文献是图书情报工作的主要作用对象，文献工作是图书情报部门的共同实践基础。于是，图书馆学情报学领域的学者开始运用图书馆学、情报学的相关理论、方法研究现代文献及文献工作。1964 年，袁翰青在专业期刊《图书馆》（北京图书馆编辑出版）的“文献学”专栏上发表了《现代文献工作基本概念》等几篇论文，分别论述了文献的级别、文献及文献工作概念的来源和定义、文献工作与图书馆工作的关系等问题，其基本论点和论据成为后来学者们讨论“文献学”时经常引用的经典资料，现代文献学研究在此初见端倪。

80 年代以来，现代文献学的讨论逐渐激烈起来。单柳溪以文献书籍和引导人们检索文献资料作为对象，对文献学进行实体研究。[9] 谢元泰则以文献和文献工作为文献学研究对象，构建了图书馆文献学和文献科学体系。[10] 韩有悌从文献工作入手，坚持文献工作档案化为文献学自成体系的起点。[11] 桑榆将文献学定义为：现代文献学是以现代文献和现代文献工作为对象，研究现代文献工作的组织方式、发展规律，现代文献的搜集、整理、检索、利用方法的科学。[12] 这种思路在图书情报领域具有一定的代表性，林申清[13]、金恩辉[14] 等学者对文献学的基本认识与之大体一致。1990 年，倪波主编了《文献学概论》

（1990 年江苏教育出版社）一书。该书“通过对文献和文献工作的讨论，力求勾勒出一个不局限于目录、版本和校雠为核心内容的新的文献学科学体系”。作者以图书馆学、情报学等相关学科的理论作基础，较全面地论述了文献定义、社会功能、结构、文献信息、载体、族系、类型、文献生产、交流、工作标准化和文献工作现代化等内容。这是该领域一部阶段性的代表作。之后，张欣毅的《现代文献论纲要》出版（1994 年书目文献出版社）。作者将全书分成“文献综论”、“文献信息论”、“文献主题论”、“文献形式论”、“文献结构论”、“文献流论”、“文献过程论”、“文献经济论”八个专题，运用“现代的科学观点和方法”对古今中外各类型的文献作了本体范畴上的考察和研究。与之相对应的，程磊提出建立以记录知识的各类文献为研究对象的文献类型学。[15]

（二）置于大学科体系中多角度交叉研究的现代文献学

单在图书情报学这一领域内讨论文献学，不可避免会产生一定的局限性。于是，不少学者尝试着超越一般的思维模式，大量移植信息学、传播学、社会学等学科的理论方法，在广阔的学科背景中多角度地研究现代文献学。这些有益的探讨大大开拓了文献学的研究领域，给现代文献学研究注入了新的活力，标志着现代文献学研究步入一个新的发展阶段。文献是信息的重要传承载体，于是，许多学者围绕文献信息这个问题纷纷展开讨论。况能富撰文呼吁探索文献信息理论。[16]吴慰慈等人提出文献信息理论是图书馆学、目录学和情报学的共同理论基础。[17]1986 年，万良春撰文倡议建立“文献信息”概念和“文献信息学”。[18]随后张欣毅[19]、黎荣盛[20]、黄宗忠[21]、陈源蒸[22]等学者对“文献信息学”的有关命题作了进一步探讨。90 年代，黄宗忠的《文献信息学》（1992 年科技文献出版社）和朱建亮的《文献信息学引论》（1992 年书目文献出版社）两部著作在总结有关研究成果的基础上，比较系统地论述了文献信息学的基本理论和文献信息工作等方面的内容。周文骏教授在 1983 年发表的《概论图书馆学》一文中，首先提出图书馆学的理论基础是情报交流。[23]在随后出版的一部颇具影响力的专著

《文献交流引论》（1986 年书目文献出版社版）中，他指出，文献交流学是一门研究文献交流全过程的科学，作为交流过程主体的文献，文献交流的产生、发展、功能、内容、渠道、方法、效果及组织交流的相关机构，都属于其研究内容。随后，宓浩认为应把文献交流理解为知识交流。[24]倪波更明确指出：文献信息交流是个大系统，包括图书馆、情报部门、档案馆、出版发行部门等。[25]周庆山的新著《文献传播学》（1997 年书目文献出版社）侧重对文献传播进行人文研究，它综合应用了传播学、社会学、图书馆学学科研究方法进行研究，内容涉及文献传播的产生与发展、基本功能、原理、类型、结构模式、政策、产业化与国际传播等方面。该书是作者在博士学位论文《文献传播的人文研究》的基础上整理而成的，其研究角度和思路与导师周文骏教授相近。关于文献信息学和文献交流学的关系，周文骏、杨晓骏发表《文献学新论》一文指出，两者是文献学学科群中的两大支柱子学科。前者侧重文献内在规律的研究，后者侧重于文献外在规律的研究，两者相互联系依存，共同构成文献学的主要基础理论。[26]在讨论文献与社会的关系上，卿家康的《文献社会学》（1994 年武汉大学出版社）可谓是独树一帜。该书作者认为文献作为物质和精神的统一体，本质上是社会沟通的渠道，并以此为内核，广泛探讨了文献的社会实质、价值、功能、社会源流、生产、传播、消费、组织、效果、控制等理论问题。

另外，蒋永福在《文献之社会物理学思考》一文中主张物理学与文献学的联合，建立“文献物理学”。[27]叶鹰发表《哲学文献与文献哲学论纲》一文，首次大胆地提出文献哲学。[28]

三、分科文献学及专题研究

80 年代以来，分科文献学及专题研究是文献学理论研究纵深化发展的重要表现，人们运用文献学的一般理论和方法来研究某一学科的专门文献，主张为该学科研究提供资料基础。目前，文学、史学、档案学等方面均有文献学著作问世。历史文献学方面，白寿彝较早发起有关基本问题的讨论。随后，在 80

年代中后期，我国就有三部同名的《中国历史文献学》著作问世，分别是王余光著的《中国历史文献学》（1998 年武汉大学出版社），张家璠、黄宝权主编的《中国历史文献学》（1989 年广西师范大学出版社），杨燕起、高国抗主编的《中国历史文献学》（1989 年书目文献出版社）。大家一般认为，中国历史文献学刚提出不久，是中国文献学的分支学科，其主要作用是为人文学科，尤其是为历史学研究提供研究资料。因而，作为一门有理论系统的学科，它尚待创建和完善。在此认识基础上，白寿彝将历史文献学的研究内容概括为理论、历史、分类学和应用四部分；[29]王余光则认为它包括历史文献本身，文献整理方法和内容，文献整理的历史三部分；张家璠、黄宝权认为它包括历史文献及其演变、整理和流传，历史文献学的历史四部分；杨燕起、高国杭认为历史文献学体系包括其理论、发展线索、分支和相关学科三部分；吴枫认为它包括历史文献及其演变、整理方法三部分。[30]显然，以上各家关于文献学的研究内容范围不尽相同，但是它们都未能超出古典文献学的研究框架。历史文献学是文献学的一个分支，但其自身又是一个相对独立的系统。在这个系统内，一些小的分支课题独立出来，随之正史学、通鉴学、档案文献学等一批专书问世，极大地丰富和加深了历史文献学的研究。比如黄存勋、刘文杰等人的《档案文献学》，该书较系统地论述了档案文献的性质、价值与特点，查阅、考据、校勘、编辑档案文献等理论与方法，并阐述了我国历史档案文献，主要是现存档案文献的源流、种类、内容及价值。

文学文献学方面，张君炎所著的《中国文学文献学》（1986 年江西人民出版社）比较系统地讨论了文学文献学的内容、范围和任务。作者认为，中国文学文献学是以中国古代文学文献为对象，以目录学原理为基础，并运用版本、刻印、校勘、辨伪、注释、编纂等知识和检索的理论和方法，研究组织和检索中国文学文献的工作规律和方法的一门专科文献学。淡江大学中文系周彦文主编了自称为台湾地区第一部以“文献学”为名的《中国文献学》（1993 年五南图书出版有限公司版）。作者认为文献学的研究主体是文献本身，并以此确立文献学独立的学科地位。但是因作者专业所致，该书重点叙述了民国以前的中国文学文献的产生、发展及整理情况，所以实际上只能算作一部简明的文学文献史。

我国已出版的其他分科文献学著作还有王秀成的《科技文献学》、郭星寿的《社会科学文献学》等，这些著作大体上是按照学科知识概论、学科文献源和有关检索技术三部分安排内容的。

专题研究方面，武汉大学出版社在1993年出版了王余光的《中国文献史》（第一卷），该书首开以多卷本形式全面总结我国古典文献演变历史的先河。另外，王余光的《中国文献学史要略》（1993年广西人民出版社），张家璠、阎崇东主编的《中国古代文献学家研究》（1996年广西师范大学出版社），洪湛侯的《中国文献学要籍解题》（1997年杭州大学出版社）等著作较深入地探讨了文献学史、文献学家和重要著作等专门问题，这些非常有利于丰富文献学的研究内容，促进文献学的理论建设。

四、综合文献学

在《中国历史文献学》之后，王余光在1998年发表了《论文献学》一文，[31]认为文献学应以文献为研究主体，强调必须在历史过程和社会文化背景中把文献作为有自己独特性的文化实体全面系统地加以研究，而不能以偏概全。在此思想指导下，他提出一个《文献学论纲》要目，[32]“文献研究”、“文献工作研究”、“文献发展研究”、“文献价值研究”和“综合研究”六个大纲及其下所包含的子目，共同构成了一个系统的文献学体系框架。它不仅包含了古典文献学的研究内容，而且几乎覆盖了现代文献学的各个方面。对此要目，王余光在1997年《再论文献学》一文中稍有修改。[33]他将“文献工作研究”纲下的“文献交流（传播）”、“文献存贮”、“文献管理”、“文献工作标准化”四个子目改为“文献揭示手段现代化”、“文献交流与传播”、“文献收藏和利用”三个子目，将“文献发展研究”纲下的“文献的增长和老化”子目删去，在“综合研究”纲下添加了“比较文献学”。文献存贮、管理、工作标准化、老化等名词都是与文献有关的图书馆学、情报学的专业术语，作者的改动，显然是为了尽可能摆脱这些相关学科的影响，更加独立地、综合地考察文献学。时至1991年，我国第一部《文献学辞典》（赵国璋、潘树广主编，1991年江西教育出版社）问世。该书主编在《前言》中简要地讨论了文献学的有关问题。他们认为文献学是研究文献产生、发展、整理和利用的科学，可分为古典文献学和现代文献学。古典文献学指西汉刘氏父子开创的，又为历代学者不断发展扩充的广义的校雠学。现代文献学侧重于文献工作，运用图书馆学和情报学等学科理论和方法，以知识组织和检索利用为基本任务，尚在发展完善之中。文献学又与其他学科相结合，或规定某种研究范围，形成了文学文献学，历史文献学等分支学科。此外，该辞典正文后列出了一个《词目分类表》，它既反映了文献学各门类当时的研究水平，同时也体现了编者对文献学研究范围的看法。此表包括文献学一般、文献载体、文献整理、文献聚散与流通、重要文献、文献阅读和人物七个部分，其中文献整理又细分为版本、校勘、目录、考证、辨伪、辑佚、翻译等。另外，陈国锋、陈生农[34]、谢元泰[35]、叶鹰[36]、蒋永福[37]等学者也对文献学的宏观体系结构进行了探讨。虽然他们的研究基点不同，但一般都按惯例将学科体系分为宏观和微观两部分，或者是理论、应用、专门、专科等几部分。柯平在分析了文献学体系的来源和不同学派的文献学研究方法之后，运用系统论方法研究文献学的体系结构，将它归结为文献通论、方法学、类型学和专科文献学四大块，较有说服力。[38]周文骏、杨晓骏二人所构建的文献学体系与柯平相似，独到之处是将文献信息学和文献交流学作为文献学的基础理论学科。[39]

五、我们的一些看法

基于以上的分析，我们对文献学又有了这样一些认识。我们认为，文献学应是一门以文献为直接研究对象的独立的学科。作为文献学的研究对象，文献首先是一个实体概念，包含有文献属性、类型、载体、体式等内容。其次文献属于社会文化范畴，包括文献生产、整理、揭示、传播、收藏和利用等一系列的社会运动过程，文献价值及其实现、文献与文化学术的关系等方面。再次，文献还是一个历史范畴，包括文献的起源、发展的过程和规律等。文献学是全面系统地研究文献的学科，其研究内容除了以上这些从不同层面和角度推衍出的文献含义外，还应包括文献学基础理论，如文献学定义，研究对象，学科体系，文献学史等，一起构成动态的有机整体。所以无论是以古典文献整理为核心内容的古典文献学，还是强调研究现代文献社会传播和利用的现代文献学，都只是其中的组成部分。或者说所谓的古典文献学和现代文献学，只是文献学研究在不同时期的不同称谓，而非两个学科。[40] 人们对文献学的这种划分，究其原因是随着社会的进步、文献数量和类型逐渐增多，文献需求的丰富和多样化，以及文献在社会文化中的作用和地位的提高，人们对文献，文献活动及文献学学科理论的研究不断深入和拓展，并呈现出不同的时代重点和特性的结果，这符合学科发展的一般规律。综观其演变轨迹，20 世纪文献学研究经历了一个从文献整理的具体方法、经验的总结到有关理论的抽象、概括，从分科文献学、文献学专题和相关学科的研究到文献学的宏观综合的考察的过程，逐渐独立并迅速发展。历史、文学、出版学、图书情报学等相关学科领域的学者广泛参与，研究视野极为开阔，终于培育出今天的累累硕果。但是我们不能忽视这样一些事实：关于文献学的研究对象、研究内容、学科性质等基本问题仍众说纷纭，分歧较大；学科体系的构建还需大量的研究成果加以充实和支持；文献观、文献学史以及文献学研究方法论等方面探讨较为薄弱；研究方法和手段较为单一；研究人员较为分散。这些问题仍然存在，因此文献学研究还有很长的积累和完善过程。

回顾的目的在于前瞻。关于未来的中国文献学理论研究的发展态势，我们认为它应尽可能地移植相关学科一切可资借鉴的研究思想和方法，适应时代要求，面向社会发展，以分科文献学、相关学科及专题理论研究等组成的外围式研究为主导，同时加强对文献学进行独立的本体研究。在当今社会环境下，以计算机技术和网络通讯技术为主导的现代科技已经广泛渗透到社会的各个领域，也深刻地影响着文献及文献活动的各个方面，这就给文献学研究提供了良好的技术条件并增加了许多崭新的内容。现代文献学应进一步开阔视野，在利用现代化手段研究文献的揭示、整理、检索、计量、利用等方面的同时，还应重新审视新的信息环境下文献价值，文献传播与消费，文献与人类社会进步，文化及现代生活等方面的研究。古典文献学方面，我们应重点关注古籍整理与古籍整理方法论研究，尤其是利用现代化手段整理、开发利用古籍；中国文献发展研究，主要包括文献发展史和中国藏书史；文献与社会进步研究，特别文化政策与中国文人生活史和文献对文明进程的影响；各种类型文献的揭示与研究，主要包括宗教典籍、地方文献、古代科技文献和少数民族文献。[41]

参考文献：

1 华夫．中国文献与子母工具书纵论．天津大学学报，1987（6）

2 钱亚新．郑樵校雠略研究．商务印书馆，1948：12

3，4，5 张舜徽．中国文献学．郑州：中州书画社，1982：绪论

6 洪湛侯．古典文献学的重要课题——兼论建立文献学的完整体系．杭州大学学报，1987（2）

7，8 程千帆，徐有富．校雠广义．齐鲁书社，1998：校雠广义叙录

9 单柳溪．有关文献学三议．图书馆工作与研究，1981（1）

10 谢元泰．论现代图书馆文献学研究范围．四川图书馆学报，1983（2）
谢元泰．文献、文献工作与文献科学．情报业务研究，1985（3）

11 韩有悌．建立文献学研究体系．四川图书馆学报，1985（3）

12 桑榆．文献学中有关概念的梳理．徐州师专学报，1988（4）

13 林申清．现代文献学定义综述．大学图书馆学报，1990（1）

14 金恩辉．关于文献学基本问题的研究．文献工作研究，1994（3－4）

15 程磊．一门新兴的学科——《文献类型学》．黑龙江图书馆，1990（5）

16 况能富．应当探索文献信息理论．图书馆工作，1984（4）

17 吴慰慈等．图书馆学概论．北京：书目文献出版社，1985

18 万良春．确立“文献信息”概念，建立“文献信息学”．图书情报知识，1986（1）

19 张欣毅．关于文献信息科学的思考．图书馆理论与实践，1987（2）

20　黎荣盛．试论文献信息学．情报学刊（1）
21　黄宗忠．试论文献信息学．图书情报知识，1990（4）
22　陈源蒸．图书馆学和信息学．图书馆学研究，1986（4）
23　周文骏．概论图书馆学．图书馆学研究，1983（3）
24　宓浩．图书馆学原理．上海：华东师大出版社，1988
25　倪波，荀昌荣主编．理论图书馆学教程．天津：南开大学出版社，1986
26　周文骏，杨晓骏．文献学新论．中国图书馆学报，1994（1）
27　蒋永福．文献之社会物理学思考．情报业务研究，1990（3）
28　叶鹰．哲学文献与文献哲学论纲．情报业务研究，1989（2）
29　白寿彝．谈历史文献学．史学史研究，1981（2）
白寿彝．历史教育和史学研究．河南人民出版社，1983：141—142
30　吴枫．历史文献学四十年之我见．古籍整理研究学刊，1989（5）
31　王余光．论文献学．武汉大学学报，1988（6）
32　王余光．中国文献史·第一卷．武汉大学出版社，1993：65—66
33，40，41　王余光．再论文献学．图书情报知识，1997（1）
34　陈国锋，陈生农．文献科学系统解说．图书馆学研究，1987（4）
35　谢元泰．科学文献与文献科学论略．图书与情报，1987（2-3）
36　叶鹰．文献结构与文献学体系探讨——兼论图书情报专业的课程设置．情报业务研究，1988（5）
37　蒋永福．文献学若干理论问题初探．情报业务研究，1990（5）
38　柯平．关于文献学体系的来源．河南图书馆学刊，1995（1）
柯平．关于文献学体系的研究法．河南图书馆学刊，1996（3）
柯平．科学体系中的文献学．河南图书馆学刊，1997（3）
39　周文骏，杨晓骏．文献学新论．中国图书馆学报，1994（1）

原载于《图书与情报》1999年第3期，作者：王余光、汪涛、陈幼华

近五年(2000—2004)文献学研究的新进展

文献学在中国有着悠久的历史。随着典籍的不断积累，人们对典籍的认识、理解、解释、整理等逐步展开，文献学开始形成。早期的文献学理论性著作有宋郑樵的《通志·校雠略》，明胡应麟的《经籍会通》、《四部正讹》，清章学诚的《校雠通义》等。到20世纪初期，“文献学”的名称已开始被使用，但不普遍。比较普遍被人们接受的名称是“校雠学”。从校雠学所讨论的范围来看，有狭义、广义之分。狭义校雠学，即今日所说的校勘学；广义校雠学，即今日所说的文献学。20世纪出版的校雠学著作，基本都是广义校雠学。20世纪80年代以来，“校雠学”的名称已经不常用了，逐步被“文献学”所取代。

20世纪后20年，是文献学发展较快的时期，一大批文献学著作相继出版，近年来，文献学仍然呈现出发展态势。

一、文献学发展趋势及成就

（一）文献学理论建设

早在20世纪30年代，郑鹤声、郑鹤春在《中国文献学概要》一书中就对文献学理论问题作出了初步的探讨，他们认为，文献的结集、审定、讲习、翻译、编撰、刻印之研究，是文献学的主要内容。很显然，这与当时流行的校雠学所研究的目录、版本、校勘是大有区别的。但在此后的数十年间，学者们并未关注文献学理论研究。直到20世纪80年代，张舜徽与吴枫两位先生的成果问世，对文献学理论的建立是具有标志性意义的。张舜徽先生《中国文献学》的出版，标志了中国文献学的最后确立，其文献学理论、文献本体、文献整理方法及文献整理成就四个方面的构成，对后来文献学的发展起到了规范性的作用。在此之后出版的文献学著作或教材，或多或少地都受到了张舜徽先生的影响。

2000 年以来，文献学研究者在文献学理论方面也作出了必要的探讨。倪波等人出版《文献学导论》，认为从文献学研究对象看，可分为古典文献学和现代文献学。前者研究古代的文献工作，侧重于目录、校勘、版本等内容；后者侧重于文献的收集、分类、交流和利用。“我们认为，文献学是以文献和文献工作为研究对象，对文献历史、文献工作方法、文献交流和利用规律进行概括和总结的学科”。[1]在此之前，倪波曾主编《文献学概论》一书，但新出的《导论》在理论研究等方面，与《概论》相比，并没有什么超越和发展。

2000 年，熊笃、许廷桂编著的《中国古典文献学》出版，在此后的数年间，一些相同性质的著作陆续出版，它们是曾贻芬、崔文印合著的《中国历史文献学》、杜泽逊撰《文献学概要》、刘青松所著的《中国古典文献学概要》、张三夕主编的《中国古典文献学》等。曾、崔合著的历史文献学，实际上即是古典文献学。他们认为，历史文献学是一门综合学科，其重要分支有目录学、注释学、版本学、校勘学、辨伪学和辑佚学。[2]而刘青松则认为，文献学作为一门专门的学问，在研究内容上当包括文献的特点、功能、类型、生产、分布、发展规律以及文献整理方法。[3]其他几部文献学著作也基本上都是以文献研究和文献整理研究为范围，在学科理论方面未有深究。

值得注意的是，柯平在他的研究成果中，对文献学理论问题作了较为全面的探讨。他在《文献经济学》一书中，有一章讨论文献学的体系，认为这一体系是由四个方面组成的，即文献学通论、文献方法学、文献类型学和专科文献学。而文献学的分支学科，则有文献学基础理论、文献信息论、文献控制论、文献社会学、文献传播学、文献学史、比较文献学、文献编纂学、出版发行学、校勘学、版本学、文献目录学、文献计量学、文献类型学、图书学等。[4]柯平的文献学体系中，文献学通论，即是文献学理论研究，而文献方法学即为文献整理，文献类型与专科文献是文献本体研究的两个方面。其分支学科的罗列，也缺少必要的逻辑性。从目前的研究现状来看，进入21世纪，文献学在理论探索上还没有突破性进展。

（二）文献专题研究

21世纪初这几年，文献学专题研究显现出繁荣的局面。

首先是关于古籍整理的研究。古籍整理的经验和方法直接影响到古籍整理的实践，这历来是文献学研究的重点。早在20年前，黄永年曾出版《古籍整理概论》一书，20世纪90年代有时永乐《古籍整理教程》的出版，此后又有程毅中《古籍整理浅谈》、论文集《古籍整理出版十讲》、周光庆《中国古典注释学导论》、骆伟《简明古籍整理与版本学》等。2003年，刘琳、吴洪泽《古籍整理学》出版，首次提出建立古籍整理学。作者认为，古籍整理学就是研究古籍整理的理论、历史、方式、方法等各个方面、各个环节规律的一门科学。它与古文献学史、古籍目录学、专科文献学等都是中国古文献学下面的学科。[5]作者还讨论了古籍整理学与古汉语语言文字学、目录学、版本学、文献断代辨伪学的关系。这部书与以前出版的相关著作在研究范围上基本一致，但“古籍整理手段的现代化”一章，是同类著作所缺少的，这也体现了传统的古籍整理在新时期的新变化。

其次，是关于专门文献研究，主要著作有王子今著《20世纪中国历史文献研究》、夏南强《类书通论》、李杰《中国少数民族文献探讨》、朱渊清《再现文明：中国出土文献与传统学术》、李零《简帛古书与学术源流》等。王子今着重对20世纪中国历史文献研究的总结，书中详细讨论了经学、子学与史学文献的研究，另兼及清人历史文献研究成就的继承，时代风潮与历史文献研究，疑古运动、考古新发现的文献，辑佚、历史文献研究与出版机构等问题。[6]这是一部有分量的文献学专著。夏南强的《类书通论》与以前的研究不同，该书从文化史的角度，探讨我国类书发展演变及对文化、学术的影响。朱渊清与李零的著作都是讨论出土文献简帛，前者介绍历代简帛书籍出土的状况，具有知识普及性质。后者虽然是大学教材，但每讲之后的附录很有学术价值。全书上篇综合讨论简帛书发现、形制、体例与分类等，下篇是对简帛书的导读。另外，张兴武所著《五代艺文考》，亦是近年出版的史志目录补辑的一部力作。新、旧《五代史》皆无艺文志，前人补辑虽有数种，但皆不完善，张氏作了仔细的考证、补辑，最后作成《新编五代艺文志》，这为文献史研究提供了一份有价值的资料。王岚著《宋人文集编刻流传考》，是《中国古代典籍与文化研究丛书》中新出的一种，该书选取了32家宋人文集，对其版本流传进行了周密的考证，“或发前人所未发，或补前人所未备，或正前人之误，创获良多”，[7]实为近年文献学界的一部力作。

关于少数民族文献，在上个世纪末，就有一些整理和研究成果问世。其中，巴蜀书社出版的《中国少数民族古籍论》、民族出版社出版的《民族古文献概览》等，比较有代表性。前者为一部论文集，对我国少数民族的一些重要古籍进行了深入的探讨；后者是一部教材，比较全面地介绍了我国少数民族文献的流传状况，对非研究者来说，是一本较好的参考书。值得关注的是云南人民出版社出版的一百卷《纳西东巴古籍译注全集》，这套书收录纳西东巴古籍1500多种，内容包括祈福类、消灾类、丧葬类、占卜类及东巴舞谱、药书、杂言、字典等，被称为纳西族的百科全书。原文用纳西象形文字“东巴文”书写，一般人读不懂，此次译注用国际音标注音、汉文译注，便于阅读与研究。近年，民族出版社又出版李杰所撰《中国少数民族文献探研》一书，将各少数民族的重要书籍做了一一介绍。特别提出的是，俄罗斯学者捷连耶夫·卡坦斯基所著的《西夏书籍业》，近年由王克孝、景泉时译成汉文出版。圣彼得堡是世界上收集西夏图书规模最大的地方，作者据此写成《西夏书籍业》，讨论了西夏书籍的制作技术、装帧艺术、写本、印本等一系列问题。尤为受到学者重视的是，现存西夏文活字版文献，是世界上最早的活字印本实物，它对世界印刷史的研究是具有重要价值的。

第三，是关于文献学家研究。20世纪末，郑伟章出版《文献家通考》，网罗清初以来的文献家一千五百余人，详记其生平、藏书、校书、刻书、辑书及编目、题识等文献工作。近年，姚淦铭著《王国维文献学研究》，对王国维在文献学上的成就作了全方位的考究。王国维的国学根底深厚，精于目录、版本、校勘之学，又处在那个新材料不断发现的时代，因而他对出土文献及传世的经史典籍、古代少数民族文献都做了卓有成效的考证，成就突出。另外，《图书情报工作》杂志在2004年第3期曾推出“现代文献学家海外访书研究”专题文章5篇，除一篇综论外，另四篇分别对董康、傅增湘、郑振铎、向达4人海外访书的过程与成就进行了专门研究，这对推动该领域研究的深入开展具有十分重要的意义。

（三）文献学专门史研究

近年来，文献学专门史（包括文献编纂史、图书出版史、藏书史、阅读史及相关专门史）的研究有着长足的发展。2000年以来，在出版史方面，先后出版了李瑞良《中国古代图书流通史》，杨巨中《中国古代造纸史渊源》等。2004年，钱存训的《中国纸和印刷文化史》一书出版。钱氏是一位旅居美国的中国书史研究专家，早年的《中国古代书史》一书影响很广，为中国学界所熟知。《中国纸和印刷文化史》原为李约瑟《中国科技史》中的一册，英文版在英国出版，后译成中文在国内出版，此次为修订本。书中讨论中国古代造纸与印刷的方法、技术及工艺，纸与印刷术的传播及对世界文明的贡献。中国古代造纸与印刷，因为具有重要的国际影响，研究者相对较多，出版的成果也较为丰富。

出版史自身建设也有不小进步。近年由宋原放主编的《中国出版史料》十册已出版了五册，另五册将陆续推出。叶再生的《中国近代现代出版通史》，约400万字，亦于2002年出版。由中国出版署主持，多家高校教师参与的《中国出版通史》九卷本，经近10年的努力，近期已进入完稿阶段，不久可分册出版。

在藏书史方面，近年出版最为重要的成果是任继愈主编的《中国藏书楼》三册与傅璇琮、谢灼华主编的《中国藏书通史》两册。前者分三编：论、史、表，从不同角度展现中国几千年藏书的风貌，可惜正文中没有引用文献的出处，降低了该书的学术价值。后者是一部严格意义上的藏书通史，从古到今，依时间顺序叙述了中国藏书的发展历史。2004 年，由徐凌志主编的《中国历代藏书史》问世，与前两书相比，这部书比较简约。与藏书史相关的是藏书文化的讨论，此前曾有周少川《藏书与文化》、李雪梅《中国近代藏书文化》等问世，近年有桑良至的《中国藏书文化》出版。

二、文献学研究中存在的问题

文献学作为一门独立的学科，在 20 世纪 80 年代就已初步形成。特别是古典文献学领域，其研究对象、范围、目的等，都基本上达成了共识，但对于现代文献学一系列理论问题，尚待进一步深入。文献学不少内容，都与图书馆学、情报学、信息资源研究相交叉，因而学科的融合，还有待不同领域的学者共同合作。

随着现代技术的发展，很多新型文献的出现，文献新载体与新的传播方式，以及与此相关的利用、阅读等，对文献学研究提出了新的挑战。目前，在文献学领域，对这一挑战还没有很充分的应对。

文献学著作的出版相当丰富，但研究者缺少必要的交流与合作。有些成果在某些程度上出现低水平的重复。因而，以后应加强文献学学术组织的建立、举办学术研讨会，以加强学者间的交流与沟通。

参考文献：

1　倪波，张志强主编．文献学导论．贵州科技出版社，2000：21

2　曾贻芬，崔文印．中国历史文献学．学苑出版社，2001：3

3　刘青松．中国古典文献学概要．湖南大学出版社，2002：3

4　柯平．文献经济学．中国书籍出版社，2001：47—54

5　刘琳，吴洪泽．古籍整理学．四川大学出版社，2003：2

6　王子今．20 世纪中国历史文献研究．清华大学出版社，2002：前言

7　王岚．宋人文集编刻流传考．江苏古籍出版社，2003：孙钦善序

原载于《江西图书馆学刊》，2005 年第 2 期。该文收入《中国高校哲学社会科学发展报告 2005》，教育部社会科学委员会编，高等教育出版社，2005

2005年文献学研究述略

一、研究概述

（一）论文

根据国内两个著名学术期刊数据库CNKI和VIP统计（以论文题名为检索途径，以“文献学”为检索词），2005年国内共发表文献学论文76篇，涉及的领域有文献学理论建设、分科文献学、文献学专题研究、文献学家研究以及文献学学术科研活动的报道等五个方面，具体情况见下表：

2005年文献学论文分布

研究领域	理论建设	学术、科研活动	分科文献学	专题研究	文献学家	合计
数量（篇）	16	11	10	22	17	76
百分比	21%	15%	13%	29%	22%	100%

关于文献学理论建设方面，主要有：王余光的《文献学研究的新进展》（江西图书馆学刊2005年2期）、孙钦善的《古文献学及其意义与展望》（南昌大学学报（人文社会科学版）2005年2期）、赵淑梅的《古典文献学与现代文献学》（理论界2005年5期），河南师范大学学报（哲学社会科学版）2005年2期刊登的一组文章，包括李学勤的《谈经学与文献学的关系》、朱杰人的《经学应是文献学专业的一门基础课》、周少川的《经学是文献学中最基本的部分》、徐有富的《经学研究应以文献学为基础》、吕友仁的《学好经学是搞好文献学的前提》。张娣的《知识经济时代的文献学》（图书馆学刊2005年3期）、杨溢的《中国文献学发展历史轨迹》（新世纪图书馆2005年4期）、任君红的《浅议文献学研究的过去与未来》（江西图书馆学刊2005年4期）、王国强的《汉代文献学的特点及其对

汉代学术的影响》（郑州大学学报（哲学社会科学版）2005 年 2 期）、王国强的《东汉文献学发展史述论》（图书馆论坛 2005 年 5 期）、陈光华的《中国文献学学科体系研究综述》（图书馆论丛 2005 年 4 期）等。

关于文献学学术、科研活动：《“21 世纪文献学理论与实践”学术研讨会在郑州大学举行》（档案学通讯 2005 年 1 期）、《全国“21 世纪文献学理论与实践”学术研讨会纪要》（河南图书馆学刊 2005 年 1 期）、《海峡两岸中国古典文献学国际学术研讨会综述》（学术动态：成都 2005 年 4 期）、《中华中医药学会第八次全国中医药文献学术研讨会纪要》（中华医史杂志 2005 年 4 期）、《出土文献学术研讨会综述》（周易研究 2005 年 2 期）等。

关于专科文献学：张子侠的《关于中国历史文献学基本理论的几点认识》（安徽大学学报（哲学社会科学版）2005 年 4 期）、徐日辉的《关于建立中国旅游文献学的构想》（商业经济与管理 2005 年 8 期）、王公山的《21 世纪中国道教文献学研究展望》（学术论坛 2005 年 2 期）、刘永海的《论元代道教史籍及其文献学价值》（内蒙古大学学报（人文社会科学版）2005 年 5 期）、孙晓辉、黄钟的《音乐文献学的古典与现代》（武汉音乐学院学报 2005 年 2 期）、陈建华的《20 世纪中国音乐文献学研究概述》（南京艺术学院学报（音乐与表演版）2005 年 2 期）、李渡华、于丽的《中医医史文献学的特点及发展趋势》（河北中医药学报 2005 年 3 期）、田代华的《论中医文献及文献学在中医学中的地位》（山东中医药大学学报 2005 年 5 期）、李振宇的《法律文献学建构与展望》（江西农业大学学报（社会科学版）2005 年 4 期）、赵国平的《中医医史文献学科建设有关问题探讨》（南京中医药大学学报 2005 年 2 期）等。

关于文献学专题研究：戚福康的《论文献学与大学生知识体系的建构——兼论教学方法的变通》（苏州市职业大学学报 2005 年 4 期）、李德山的《中国东北古文献学论略》（东北师大学报（哲学社会科学版）2005 年 1 期）、张显成的《论简帛的文献学研究价值》（古籍整理研究学刊 2005 年 1 期）等。

关于“文献学家”主要有：江贻隆的《蒋元卿先生的文献学成就》（安庆师范学院学报（社会科学版）2005年1期）、徐春波的《溯源畅流 求真务本——记中医文献学创始之一张灿玾教授》（中国中医药现代远程教育2005年1期）、刘和文的《论张潮对文献学的贡献》（图书与情报2005年2期）、肖小云的《论叶德辉〈书林清话〉的文献学价值》（湖南大学学报（社会科学版）2005年2期）、郭英德的《海纳百川，有容乃大——启功先生与中国古典文献学》（北京师范大学学报（社会科学版）2005年5期）、许刚的《论张舜徽先生文献学与史学思想之会通特征》（宿州教育学院学报2005年2期）、陈瑜的《简论章太炎对中医文献学之贡献》（中医文献杂志2005年3期）、王建华的《梁启超对文献学的贡献》（中国市场2005年28期）、夏雪、王记录的《谢国桢文献学成就三论》（殷都学刊2005年4期）、纪晓平、王凤华的《历史学家吴枫的古典文献学成就初探》（图书与情报2005年6期）、张全晓的《郑樵文献学成就三论》（江西图书馆学刊2005年4期）、伍媛媛的《论郑樵〈校雠略〉在辑佚方面的成就》（黄山学院学报2005年1期）、郑永田的《试论章学诚的校雠学理论》（江西图书馆学刊2005年2期）、苏嘉的《章学诚和〈校雠通义〉》（出版史料2005年3期）等。

（二）著作

其一是文献学新著：有《目录版本校勘学论集》、《中国旧书业百年》、《中国文献学》、《中国古典文献学》、《中国古代文献学》等。

其二是文献学著作再版：《张舜徽集》（十四种，华中师范大学出版社），这些著作以前均以单行本出版过，现结集出版。另外，上海古籍出版社出版的《蓬莱阁丛书》中，收录了两种文献学著作的导读本：《中国文献学》（张舜徽撰），《文献学讲义》（王欣夫撰）。此外，《中国古典文献学》（吴枫著）、《文献学纲要》（潘树广、黄镇伟、涂小马著）、《文献学大辞典》（赵国璋，潘树广主编）等都于本年再版。

其三是文献学论文集的出版：有《明清安徽典籍研究》、

《中国古典文献学研究》、《历史文献》（第九辑）、《张舜徽学术研究》（第一辑）等。

其四是文献学工具书的出版：有《翁方纲纂四库提要稿》、《苏州民国艺文志》、《中国藏书家通典》。上海古籍出版社出版的《中国历代书目题跋丛书》，包含十册二十二种：

晁氏宝文堂书目、徐氏红雨楼书目

澹生堂藏书约（外八种）

汲古阁书跋、重辑渔洋书跋

绛云楼题跋

鸣野山房书目

铁琴铜剑楼藏书题跋集录

唫香仙馆书目、旧山楼书目

虞山钱遵王藏书目录汇编

赵定宇书目

百川书志、古今书刻

这些明清人的书目题跋在五十年前曾出版过，现颇难寻觅。它们的再版，对文献学研究，或藏书家、图书馆等，都是不可多得的资料。

其五是专科文献学著作的出版：有《敦煌文献探析》、《出土文献探赜》、《中国古代美术文献述要》、《突厥语族文献学》、《法律文献学》等。

二、主要成果

（一）文献学家著作的结集出版

其一，《张舜徽集》。2005 年在文献学上一件重要大事是已故文献学家张舜徽先生著作的结集出版。《张舜徽集》已面世两辑，其文献学著作集中于第一辑内，包括以下七种：

- 《中国文献学》，该书初版于 1982 年。全书分 12 编，第一编绪论阐述了文献学的范围和任务，古代文献的材料与散亡等。其余各编分别叙述了古代文献的著作、编述体例，钞撰，写作的模仿、讹托、类辑，文献的版本、校勘、目录、注释、翻译、考证、辨伪、辑佚等，对前人整理文献的具体方法和步骤，历代校雠学家整理文献的业绩，都作了总结，最后就文献整理的目的、任务，提出了自己的看法。作者认为：我国古代无所谓文献学，过去称的校雠学，相当于今天的文献学。文献学的主要任务是继承过去校雠学家的方法和经验，对现存文献进行整理，使杂乱的资料条理化、系统化，古奥的文字通俗化、明朗化，并进一步去粗取精，去伪存真，条别源流，甄论得失，让人们使用更为方便。该书构建了古典文献学的规模，并成了这一领域研究的基本范式。

• 《清人文集别录》，该书初版于 1963 年。作者阅读了一千一百余家清人文集，在此基础上别录六百家，分编为二十四卷。正如作者在《自序》中所说："虽未足以概有清一代文集之全，然而三百年间儒林文苑之选，多在其中矣。"略依时世先后定次第。每一文集，首列书名卷数、版刻年代，次为内容提要，叙述作者生平著述、学术成就和思想活动，不仅介绍文集的主要内容，间或涉及编写体例，而且还指明有价值的部分。总结起来即"考作者行事、记书中要旨，究其论证之得失，核其学识之浅深，各为叙录一篇，妄欲附于校雠流别之义，以推荐一代学术兴替"（《自序》）《清人文集别录》。与后来的《清人笔记条辨》二书是清代文献研究的重要著作，同时也是清代学术史研究的基础性成果。

• 《清人笔记条辨》，该书初版于 1986 年。该书收清人笔记 100 种，厘为 10 卷，略依时世先后而次第之。凡有辨章学术、考论经籍者，有证说名物制度者，有订正文字音义者，有品定文艺高下者，有阐述养性方术者，均加收录。每一笔记，则先列其书名、卷次、版本，然后介绍作者生平、著述及学术主张，凡遇精义美言，则为之引申发明；或有谬说曲解、则为之考定驳正。

• 《汉书艺文志通释》，该书初版于 1990 年。作者在《自序》中就对其内容作了说明："凡前人之说有可取者，悉甄采之，句读之有误者正之，史证之偶疏者补之，亦间附论说以评断之。"首先，对前人的研究成果加以甄采。这一方法即传统的"集注"，广采前人之说，保存并集中了丰富的材料，颇便读者。其次，对句读有误者加以订正。该书对《汉书·艺文志》的句读和标点极为审慎，有些地方纠正了目前一些通行本的错误。第三，史证之偶疏者补之。第四，间附论说以评断之。该书评断的内容非常广泛，多出作者己见。有对一书作者的确定，有对前说的评论，还涉及一书的注本或版本。这些评断对后学有裨益。采、正、补、评断，构成了《通释》一书的基本内容，张先生以此四步向我们展示了解释古书的重要方法。这一方法不仅对解释古书适用，对研究古代文化的其他领域，也多有启发。

• 《广校雠略》，该书初版于1945年，1962年新版增加了三种附录：《汉书艺文志释例》、《毛诗故训传释例》、《世说新语注释例》。《广校雠略》共五卷一百篇，主要讨论了以下几个问题：一、讨论校雠学及相关名称。二、讨论古代书籍著述的相关问题，主要包括：（1）著述体例，强调著作、编述、钞纂三者之区别；（2）著述标题；（3）关于作者；（4）称引体例；（5）序书体例；（6）注书流别。三、讨论古代书籍流传问题，先阐发简纸与书籍的篇卷，再谈书籍之散亡。四、讨论校雠学的各种方法，如目录、分类、校勘、辨伪、辑佚等。五、讨论汉唐宋清学术成就，其重点是放在校雠学方面的，如辨章学术始于太史公、郑玄注群经、宋代私门校书、群经新疏未必尽善等。《汉书艺文志释例》、《毛待故训传释例》、《世纪新语释例》，旨在讨论刘歆、班固著录图书的原则，以及注经、注史的变化，可以与《广校雠略》互为表里。

• 《中国古代史籍举要》，该书初版于1980年。此前作者于1957年出版《中国历史要籍介绍》，“那时正值建国之初，诸事草创，编写这一类的书，没有可以依据的本子，只得运用新的观点，自创新例，务求简明扼要，浅近易懂。”[1] 书出版后，为不少院校所采用，流布较广，影响很大。“文革”结束之后，随着中国教育事业的恢复与发展，大学生与社会读者对“历史书籍介绍”这一类书籍的需求大为增加，此时，张先生将《中国历史要籍介绍》进行修订，更名《中国古代史籍举要》出版。修订本在原书的基础上，增加了五章：实录、学术史、史辨书籍、史论书籍、史考书籍，比原来介绍史籍的范围扩大了。

- 《中国古代史籍校读法》，该书初版于 1962 年。全书共四编，分通论，分论上、下，附论。通论讨论校读古代史籍的基本条件，内容包括识字、辨明句读、分析篇章、钻研传注、熟悉古书的流别、部类、传播与版本；分论上讨论校书，阐述校书的意义、依据、校书应注意的问题及校书的方法；分论下讨论读书，要求了解古人写作中的一般现象，认识古人著述体要，怎样阅读全史及整理史料的一般方法；附论讨论辨伪与辑佚。

其二，王绍曾的《目录版本校勘学论集》。[2] 该书汇集王绍曾（1910— ）先生 72 年来在古典文献学领域努力耕耘的学术成果，含 64 篇论文，自 1930 年的毕业论文《目录学分类论》开始，至 2002 年的《试论敢为天下先的张元济先生》止。所收文章，大致按照目录学、版本学、校勘学、藏书史分类，从中可以看出作者在版本学研究、张元济研究、山东文献研究、藏书史研究、四库学研究等几个领域的见地。《文汇读书周报》就该书发表书评：《古籍研究的又一钜篇——读王绍曾先生〈目录版本校勘学论集〉》，认为：该书收录的 64 篇论文中，撰于上世纪 30 年代前期的有 8 篇，而其余 56 篇都撰于 1979 年以后。时间分布上的大段空缺，正折射出作者从八年抗战到十年"文革"国家民族的动荡浩劫中的坎坷人生。更令人钦佩甚或难以置信的是论文中的 46 篇撰于 1990 年以后，也就是说三分之二强的论文出于一位 80 岁以上高龄且做过癌症切除手术的老学者之手，这在我国学术史上也是不多见。[3]《新民晚报》上的一篇文章认为：该书极具创新精神，前瞻性强，多有填补空白之作。王绍曾先生在 1983 年提出的整理原本《四库全书总目》和《续修四库全书提要》，修订《清史稿艺文志》等等设想，在此后 20 年里大都实现。他的《胡适校勘学方法论的再评价》，澄清了历史上的种种误解。1996 年写的《如何正确评价黄丕烈在版本学上的贡献》，推翻了历史上对黄的一系列错误论点，肯定黄是清代版本学的奠基人，且对后人影响巨大，获得海峡两岸学界同人的赞赏。至于花费 8 年时间整理张元济《百衲本二十四史校勘记》，更是对史学和校勘学的贡献。[4]

（二）文献学研究新著

其一，徐雁的《中国旧书业百年》。[5]该书分为九个单元，作者以中国古旧书业史为背景，依次叙述了百余年来燕京旧书业和江南旧书业的风貌，掠影了北京、南京、扬州等历史文化名城的旧书业风情和旧书市场，披露了近现代七大“书厄”，回顾了郑振铎等人在社会动荡岁月保护和抢救中华典籍文献的壮举，反思了“公私合营”对我国古旧书业经营传统的影响，最后剖析当代古旧书业的症结，探讨、保护和复兴中国旧书业的策略。该书具有三个明显的特点：第一，这是一部饱含真情的学术著作；第二，这是一部材料丰富的史学著作；第三，这是一部观点鲜明的近现代中国书史。白化文先生说：综览“此书，一则总结解放以来古旧书业的兴衰，公开提出‘古旧书业社会主义改造’的得失。这是需要胆量的。二则，该书两条腿走路，把另一重点放在新时期古旧书业的新生这一生死攸关的大事上面。他集思广益，在深入调查的基础上，敢于提出具有个人风格的大胆的建议。窃以为，徐雁此书最有价值的，乃在这一部分”。[6]该书自 2005 年 5 月出版之后，颇受评论界关注，是近年来难得的文献学力作。

其二，张大可、俞樟华的《中国文献学》。[7]该书以总结“20 世纪的文献学”为核心内容，即以新学为主要内容构架文献学体系，并包括旧学。因此，对文献学的定义，采取“以一切历史文献为对象”，用以反映包括 20 世纪整个时间段的文献内容与文献整理工作，而不囿于古文献的范围，具体说，“中国文献学”的内容和任务，就是要概括整个 20 世纪这一时间段的整体文献学，它以 20 世纪传世的古文献和新增的历史文献为对象，考察它的载体形态、内容类别、整理利用及其历史发展四个方面的内容，同时进行现代综合型通论文献学理论构建的尝试。

其三，张铁山的《突厥语族文献学》。[8]该书是一部在普通文献学一般理论和方法的基础上，研究突厥语族各民族文献的学术专著。重点探讨以下十个方面的问题：一、“突厥”及其相关概念、突厥语族文献学的对象和任务。二、突厥语族各民族文化史略。三、突厥语族各期文字的起源与类型。四、突厥语族文献的载体形态。五、突厥语族文献的分期与分类。六、突厥语族文献的转写、翻译和注释。七、古代突厥文文献及其研究。八、回鹘文文献及其研究。九、察合台文文献及其研究。十、突厥语族文献的开发利用与现代化。

其四，齐秀梅等的《清宫藏书》。[9] 该书主要介绍四个方面的问题：清宫藏书源流、清宫藏书概况、清宫藏书的装帧与维护、清宫藏书的典守与利用。该书的序言客观地评价了其特点：一、融知识性、学术性与资料性于一体，广泛而准确地采用了清代历史文献及档案资料，汲取和借鉴近现代专家的研究成果，结合清宫藏书的典籍实物，论述丰富，言之有据。二、广泛而深入地揭示了清宫藏书概况，翔实地评介了许多珍稀罕见的善本和孤本，对其作者、流传过程均有所考证，对其学术价值、历史价值亦加以恰当评估。三、对目前清宫藏书的研究有所突破。

（三）文献学资料整理

其一，翁方纲撰、吴格整理的《翁方纲纂四库提要稿》。[10] 该书系清代著名学者翁方纲于乾隆朝任四库全书馆“校办各省送到遗书纂修官”期间，校阅各省采进图书时所撰提要之手稿，计著录经眼图书一千余种，为现存有关《四库全书》及《四库全书总目》编纂之重要记录，文献及版本价值弥足珍贵。翁氏《提要稿》成于18世纪后半期之北京，未及百年，稿本流传至粤中。20世纪初，又由粤中流传至沪，而在沪未及三十载，其书再返南粤，20世纪末澳门回归祖国之际，澳门中央图书馆所藏之翁氏《提要稿》影印出版，令读者得睹二百余年前《四库全书》编纂时期原始记录之真貌，实为“四库学”研究史料之重大发现。鉴于影印本流传不广，识读不易，澳门中央图书馆与上海图书馆合作，由上海科技文献出版社据此影印本整理标点排印本，费时五载，完成翁氏《提要稿》的整理与标点，意义尤为深远。该书于前言中详述了翁氏《提要稿》流传原委及编纂特点。

其二，张耘田、陈巍的《苏州民国艺文志》（上、下）。[11] 该书是一部著录民国时期苏州地方书目的著作，全书收录了

1300多位社会贤达、文人学士的人物词条，著录书刊9700多部、相关书目馆存信息10000多条，从一个侧面反映了苏州“著述雄冠东南”之盛况，人文荟萃，著述丰富。该书的编制，填补了已有艺文志之不足，整合了苏州地方文化资源，为后人进一步研究提供了史料。

其三，《澹生堂藏书约（外八种）》是上海古籍出版社出版的《中国历代书目题跋丛书》中的一种。收入《澹生堂藏书约》、《藏书纪要》、《藏书绝句》、《流通古书约》、《古欢社约》、《藏书十约》、《武林藏书录》、《吴兴藏书录》和《皕宋楼藏书源流考》等9种著作。书前的“出版说明”，详细介绍了这九种著作的作者、内容、流传、校勘、后人的评价，以及重印所依据的版本，极有导读和研究价值。

其四，李玉安、黄正雨的《中国藏书家通典》。[12]该书收录历代藏书人物，包括在文献收集和整理方面有成绩的管理官员、目录学者、古典文献整理和出版成绩卓著者、藏书文化研究的著名学者等2400余人，时间范围上自先秦，下迄1949年以前出生者。对于有图像的藏书家和文化人物，尽量搜罗，共附图像426幅。本词典具有以下几个特点：一、不刻意追求藏书人物悉数照录，而着重于各时代藏书家在政治、经济、历史、藏书、目录、校勘、刊刻方面的贡献和影响。二、不以藏书家的价值观、道德标准为取向，对有争议的人物的取舍以历史事实为依据，客观挖掘其藏书故实和评价其藏书的功过。三、不囿于现有“藏书家”的概念，试图囊括收藏特点各异的藏书家。

（四）其他

其一，钱婉约等辑译的《日本学人中国访书记》。[13]该书在广泛搜集清末、民国年间来中国考察访问、留学进修的日本中国学家及青年学生（共6人，分别是内藤湖南、田中庆太郎、武内义雄、神田喜一郎、长泽规矩也、吉川幸次郎）的学术游记、日记、回忆录等的基础上，抽取出与访书、购书有关的篇什，按照人物生卒年先后编排翻译而成。本书关涉图书史、近代学术史、中日文化交流史等学科领域，兼具资料性与可读性。该书出版后引起很大社会反响，其书评《像日本人那样做学问》首先刊于《中华读书报》2006 年 3 月 1 日第 10 版，后被多家著名网站如新浪[14]、新华网[15]、青海新闻网[16]转载。还有评论说："读此书有两种感情相互交织，一种是爱，一种是恨。作为爱书人，这些日本学人既是可爱的，也是可敬的，他们对书的爱惜之情溢于言表，他们对书的感受，也会让天下所有的爱书人感同身受；作为文化的入侵者，这些日本学人对中国古籍的关注，却也是别有用心的，诸如内藤，他来中国访书的目标显然非常明确，其目的业已远远超出了学术交流的范围。另外，从书籍自身的角度来看，虽然学术是天下公器，但中国古代善本与孤本的流失，还是让我们这些后来人感到深深痛惜。"[17]此外，该书的部分章节也被中文研究网等学术网站[18]转载。该书绪论——《近代日本学人中国访书述论》洋洋数万言，介绍、分析了晚清、民国年间中国古籍流入日本的时代、社会、政治、经济、文化背景，认为"访书活动是近代中日文化交流中一个涵盖面宽泛的文化现象，它既是日本关注中国、渗透中国、殖民中国的社会思潮在文化领域的折射，又构成近代日本中国学的一个有机组成部分。通过访书活动，可以从一个具体的侧面，了解日本人对中国及中国文化关注的兴趣点所在，同时展示中国学发展的实际态势，及其与中国学术界、与中国文献典籍、与中国书业界的相互关系"。该绪论在学术方面的价值，堪称吴枫先生的专论——《中国古典文献在日本的流传》[19]的具体印证和进一步发展。

其二，张贤泽的《书之五叶——民国版本知见录》[20]作者将自己收藏的众多民国图书分门别类，从封面设计、书籍插图、出版标记、书籍广告、版权之页五个方面（即"五叶"）来分析民国的版本。全书每篇文章配以书影和插图，图文并茂，可看性极强。书后有"民国版本价格浅见"，在分析了民国版本的时间、样式、内容、出版机构基础之上，对其价格依据、动态因素及走势等进行了研究，得出持有"早期名家的初版本"这一收藏观点。作者认为：民国版本的收藏与研究，就是要靠众多的著述、靠研究者的不懈努力，去追求一个崭新的境界，从而使民国版本达到原本有的预期价值。

其三，《张舜徽学术研究》第一辑，华中师范大学历史文献学研究所编，湖北人民出版社出版。该丛刊计划长期、逐年出版，旨在全面深入研究和总结张舜徽先生的学术及其成就，对张先生的学术成果进行专项研究，从不同侧面分疏张先生的学术理念、方法、见解、经验，期望全面研究与总结其中的学术价值，为21世纪的历史文献学的研究与发展，提供有益之助。本辑的文章大致可分为三类：综述类、对张先生学术专著的研究、对张先生学术专门领域的研究。试图对张先生思想学术不同方面进行专门的研讨。力求达到更加明确地认识张舜徽先生作为国学大师的地位、中国历史文献学构建历程之目的，以此拓展与深化对20世纪中国学术史的研究。

参考文献：

1 张舜徽．中国史学名著题解．中国青年出版社，1984：前言

2 王绍曾．目录版本校勘学论集．上海古籍出版社，2005

3 张人凤．古籍研究的又一钜篇——读王绍曾先生《目录版本校勘学论集》．文汇读书周报，2005－07－08. http：//dszb. whdszb. com/xs/t20050712_ 574135. htm

4 胡子林．又见纯学术——“文史哲专刊”翻阅．新民晚报，2006－01－05. http：//www. guji. com. cn/books/bkview. asp?bkid = 101236&cid = 282704

5 徐雁．中国旧书业百年．科学出版社，2005

6 白化文．中国旧书业的回顾与前瞻．中国图书评论，2005（7）

7 张大可，俞樟华．中国文献学．福建人民出版社，2005

8 张铁山．突厥语族文献学．中央民族大学出版社，2005

9 齐秀梅等．清宫藏书．紫禁城出版社，2005

10 （清）翁方纲撰；吴格整理．翁方纲纂四库提要稿．上海科技文献出版社，2005

11 张耘田，陈巍．苏州民国艺文志．广陵书社，2005

12 李玉安，黄正雨．中国藏书家通典．中国国际文化出版社，2005

13 ［日］内藤湖南，长泽规矩也等著；钱婉约，宋炎辑译．日本学人中国访书记．中华书局，2006

14 http：//blog. sina. com. cn/u/492a9986010004em

15 http：//news. xinhuanet. com/book/2006－03/09/content_ 4280591. htm

16 http：//www. qhnews. com/110/2006/03/10/32@ 364810. htm

17 http://www.dlxsb.com.cn/gb/newbusiness/2006 - 04/23/content_1248819.htm
18 http://cyber.swnu.edu.cn/zwyjw/book/pop_index.asp?b_id=394
19 吴枫．中国古典文献学．齐鲁书社，2005：附录
20 张贤泽．书之五叶——民国版本知见录．上海远东出版社，2005

原载于《图书与情报》，2006年第4期。作者：王余光、范凡。该文收入《中国高校哲学社会科学发展报告2006》，教育部社会科学委员会编，高等教育出版社，2006

2006年文献学研究进展

2006年国内公开发表文献学论文百余篇，热点集中在文献学理论研究、文献学家研究、专科文献学研究、文献学专题研究等几个方面。文献学理论研究可以用“三足鼎立”一词来概括：古典文献学、文献学学科体系探讨和文献学研究进展。文献学家研究也呈现多种态势，既包括研究者个人自发地对历代文献学家开展的研究，也包括研究者群体有组织地对20世纪文献学家进行的系统研究，此外还包括对当代从事文献学研究者治学经历的介绍，所有这些，对于彰显文献学家的功绩以及启迪后学都产生了积极的作用。专科文献学则一致强调文献学在本学科发展中不可替代的基础作用，其中对营造社文献学成果的肯定和总结以及戏曲文献学研究成为专科文献学研究中的新亮点。

一、文献学理论研究

1. 古典文献学研讨

古典文献学一直是文献学研究领域中相对成熟的部分，藉“海峡两岸中国古典文献学国际学术研讨会”、“中国古典文献学及中国学术的总体发展国际学术研讨会——暨纪念顾廷龙先生诞辰101周年”和“中国古典文献学与赣学国际学术研讨会”的召开，古典文献学研究出现了一个新的高潮。

2006年，由西北大学主办的“海峡两岸中国古典文献学国际学术研讨会”在西安召开。会议议题包括三个部分：一、关于当代学术背景中的古典文献学与古典文献学的学理及其相关问题研究，二、关于目录、版本、校注、辑佚与辨伪等的研究，三、中国古代文史与作家作品的文献学研究。[1] 并出版《古代文献的考证与诠释——海峡两岸古典文献学国际学术会议论文集》，收录论文五十余篇，其中关于学理部分新义不多，专书考证较有成绩。[2]

由北京大学中国古文献研究中心、复旦大学古籍研究所、华东师范大学古籍研究所联合主办的“中国古典文献学及中国学术的总体发展国际学术研讨会——暨纪念顾廷龙先生诞辰101周年”在上海华东师范大学举行。其研讨的内容包括中国古文献学及中国学术的宏观与个案研究、20世纪中国古文献学发展历程、海外中国古文献收藏，以及顾廷龙先生的古文献学成就和贡献等议题。[3]

由中华文学史料学会、南昌大学共同主办的“中国古典文献学与赣学国际学术研讨会暨中华史料学学会古典文献研究会成立大会”在南昌举行，与会代表来自全国各地高等院校和科研院所，共计70多人。《江西社会科学》（2006年第8期）在“中国古典文献学与赣学国际学术研讨会”召开之际，针对“国学热而文献学冷”的研究现状，刊登了一组讨论古典文献与国学研究关系的论文，通过探讨如何客观评价古典文献整理与研究的过去与未来，如何正确认识古典文献整理与研究的范围和任务，如何促进古典文献的学科建设，以及古典文献与国学研究的良性互动等问题，使人们认识到，国学研究必须有古典文献做厚实的基础。

2. 文献学学科体系探讨

与古典文献学研讨紧密相连的是文献学学科体系探讨，针对目前古文献学科体系与内容的进一步深化，一些学者提出了相应的对策。

孙钦善的《古文献学的内涵与意义》一文对古典文献学重新进行了诠释、辨析和总结，帮助人们从古文献的形式和内容两个方面出发来认识古典文献学所具有的考据和义理的学科性质。他说：“古文献学是关于古文献阅读、整理、研究和利用的学问，古文献就形式而言，包括语言文字和版本形态，涉及中国古代语言文字学和古籍版本、目录、校勘、辑佚、辨伪、编纂学等。就内容而言，分具体和抽象两个方面：具体方面包括人物、史实、年代、名物、典制、天文、地理、历算、乐律等，涉及自然和社会、时间和空间诸多方面的考实之学；抽象方面主要指思想内容，需要结合语言文字和具体内容由浅入深地剖析探求。按学术性质来分，古文献学又分考据学和义理学，有关形式方面的文字、音韵、训诂、版本、目录、校勘、辑佚、辨伪诸学以及有关具体内容的考实之学均属考据学，有关思想内容的剖析探求属于义理学。从古文献的利用角度来看，涉及古文献的搜集、甄辨和对内容的正确理解；搜集、甄辨与目录、版本、校勘、辨伪、辑佚有关，对内容的正确理解与语文解读、内容考实、义理辨析有关。”[4]文章最后指出古文献学不仅对古籍整理研究有指导作用，而且是全部中国古代学科即所谓国学的基础。同时孙钦善所撰《中国古文献学》出版，全书分目录、版本、校勘、辨伪、辑佚、语文解读（文字、音韵、训诂）、内容考实、义理辨析诸章。在该书的绪论中，作者对古文献学的内涵与意义也作了讨论，认为：“按学术性质来分，古文献学又分考据学和义理学，有关形式方面的文字、音韵、训诂、版本、目录、校勘、辑佚、辨伪诸学以及有关内容的考实之学均属考据学，有关思想内容的剖析探求属于义理学。”[5]

孙钦善的《中国古文献学》是一本教材，与此同时出版的教材还有王俊杰主编的《中国古典文献学概论》、《文献学概论》，陈广忠等编著的《古典文献学》等。自1982年以来，文献学或专科文献学的课程在各高校普遍设立，与此同时相关教材也不断涌现，让读者目不暇接。《文献学概论》内容包括中国文献学研究概述、中国文献发展史研究、文献信息交流与传播、文献基础知识、文献分论、文献工作6个部分，较为适合图书馆学本科教学之用。[6]《中国古典文献学概论》,[7]《古典文献学》[8]均为高校教材。另有赵令志编著的《中国民族历史文献学》，并非是讨论我国少数民族文献之作，而与已出版的相关著作类似。[9]

在文献学学科体系探讨方面，周国林在《二十世纪中国古文献学检论》一文中，从辨析“古文献学”的名义入手，宏观考察20世纪古文献学的起点与阶段性，论述古文献学领域的基本队伍和古代文献整理研究的规划组织工作，并探讨了20世纪古文献学的基本走向。[10]

郑杰文认为人文社会学科应依据研究对象、研究者情况、研究目的与需求来划分，主张“古文献学与现当代文献应该划清界限，古典文学文献学与历史文献学应合并研究。那么，古文献学研究应包括以下3个方面：古典文献理论研究、古典文献整理和研究、古典文献保存和利用”。并将这3个组成方面与传统的文献学研究、文史整理和研究以及古籍保存和利用研究建立了一一对应的关系，指出它们都属于传统的国学研究。国学研究方法应创新，应建立文献考辨、求因明变、历史批评的三位一体的学术研究方法体系。[11]相同的观点还见于《古代文献学教育的整合与发展》，该文也认为应该整合历史文献学和古典文献学两个专业，设置统一的“中国古代文献学”专业。[12]

赵兴彬提出要从后现代主义关于文献、文本的解析的视角，审视、嫁接、改造中国的传统文献学理论，然而他并未就此问题作更加深入的阐述。他将古典文献学体系划分为四部分主体内容，即古典文献的特征与类型、古典文献的搜集与利用、古典文献的整理与编纂、古典文献的保存与保护。[13]

还有文章从专业目录中文献学学科设置出发，提出应尽快从形式上将文献学调整到现行的独立的学科门类体系中，学科名称为“文献学”。如同哲学、历史学设置，既是门类，又是一级学科。下属为二级学科，即古典文献学、现代文献学、目录学、版本学、校勘学、训诂学、辨伪学、辑佚学、古籍整理体式学、传统经学等，文献信息学、文献制作学、文献传播学、文献计量学、文献保护学、中国历史文献学、中国文学文献学、中国经济文献学、数学文献学、化学文献学、农业文献学等等。[14]这一观点也许未尽完善，但对文献学学科建设与发展仍不乏参考作用。在讨论文献学学科体系的基础上，文献学教材建设也成为研究者关注的话题。[15]

关于文献学学科体系，有研究者主张融合古典文献学与现代文献学，将文献学分为理论篇和方法篇两大块，外加附篇。[16]值得指出的是有些论文提出的文献学学科体系过于宏大，比如将文献学划分为四块：文献学基础、文献生产学、文献传播交流学和文献利用学，然后又将这四块进一步划分为18个分支学科。[17]当然，从逻辑上看有一定的道理，但实际上会与现有的许多学科造成严重的交叉重复。

3. 文献学研究进展

学科研究综述的作用在于总结过去、辨别得失、展望未来。综述涉及的时间跨度不同，所起的作用也不一样。时间跨度越短，对过去成果的总结越详细；时间跨度越长，对发展趋势的把握越明晰。二者是相辅相成的关系，我们认为文献学学科的发展需要这种扎实的总结和积淀。2006年关于文献学的研究综述有以下几篇：陈光华撰写的《关于中国文献学学科体系的研究综述》一文，分阶段对中国文献学学科体系的研究流派作了简要介绍，重点论述了20世纪的古典文献学、现代文献学、大文献学以及专科文献学的各种代表性学科体系。[18]该综述应该说比较全面，但仍需深入。《2005年文献学研究述略》[19]、《2001—2004年中国文献学研究简析》[20]、《新时期中国文献学研究综述（1978—2005）》[21]和《我国文献学研究的特点与前景展望》[22]。其中既有对学科成果的详细总结，又不乏对学科前景的宏观把握。

二、文献学家研究及文献学家专集

1. 历代文献学家研究

历代文献学家研究备受研究者的青睐，据统计，2006年发表的此类文章大约有50篇。其中既有对某个时代或者某个学派文献家群体的研究，又有对文献学家个人的研究。前者如《汉代学者对文献学的贡献》[23]、《论汉代易学家对文献学发展的贡献》[24]以及《谈乾嘉学者对〈史记〉的考据性研究》[25]等，后者又可进一步划分为两类：一类是对文献学家的文献学贡献的全面总结，另一类是对文献学家某方面文献学成就的专门介绍。涉及的历代文献学家有：司马迁、郑玄、欧阳修（1007—1072）、朱熹（1130—1200）、胡应麟（1551—1602）、钱曾（1629—1701）、朱彝尊（1629—1709）、顾祖禹（1631—

1692)、蒲松龄（1640—1715）、戴震（1724—1777）、孙星衍（1753—1818）、李兆洛（1769—1841）、黎庶昌（1837—1998）、沈家本（1840—1913）、王先谦（1842—1917）、罗振玉（1866—1940）、梁启超（1873—1929）、张山雷（1873—1934）、顾实（1878—1956）、陈垣（1880—1971）、鲁迅（1881—1936）、刘师培（1884—1919）、余嘉锡（1884—1955）、钱基博（1887—1957）、顾廷龙（1904—1998）、张舜徽（1911—1992）、杨家骆（1912—1991）、周绍良（1917—2005）、潘树广（1940—2003）等人。

2. 20 世纪文献学家研究

与上述研究者个人自发地对历代文献学家开展的研究不同，“20 世纪文献学家研究”作为国家社会科学基金项目——“20 世纪中国文献学研究”的一个重要的组成部分，一开始就有周密的计划、精心的安排，从研究对象的筛选到研究范围的确定都经过了课题组成员的多次讨论，从而保证了研究成果的整体水平，发表在《图书情报工作》2006 年第 2 期的一组文章就是这批成果中的一部分。其中《略论 20 世纪中国文献学家》一文，首先论述 20 世纪中国文献学家群体特征形成的原因，然后列举 40 位已故的重要文献学家，并按照他们的学术背景，把这个群体大致分为两类：一类是传统的藏书家或图书馆专家，一类是以教学、研究为主的文献学家。前者有条件接触大量文献典籍，其成就偏重于目录、提要、版本及文献收集、编纂诸端，实践性强，具有很高的实用价值，体现了传统文献学的延续性。后者应教学之需编写讲义或教材，偏重理论与方法的概括。[26] 其他几篇文章分别总结了蒋伯潜[27]、陈登原[28]、谢国桢[29]、杨家骆[30]四位先生的文献学成就。

20 世纪由于新材料的发现和新方法的运用，内忧外患所造成的中国文献的大量流失，以及保存国故的需要，产生了大批的文献学家，他们在文献学方面作出了重大贡献，然而一直没有得到及时的总结和肯定，“20 世纪文献学家研究”则最大限度地填补了这一研究的不足。

3. 当代文献学研究者治学经历

2006 年发表的文献学研究笔谈、访谈类文章，涉及当代文献学研究者的治学经历，这些经历对于后学无疑具有更直接、更生动的启迪和激励作用。

如前面提到的《古文献学的内涵与意义》一文，介绍了孙钦善教授个人对古文献学内涵的认识的过程：这是一个不断深入的过程，是在长期的专业教学和科研的实践中逐步完成的，即使是在最近 20 年，也仍然处于变化和完善中。从而提醒后学，古文献学是不断完善和发展的，人们对古文献学的完整、系统的认识，需要经历一个漫长历史过程。

《走向通融：汉魏六朝文学史的文献学研究——刘跃进先生学术访谈录》介绍了刘跃进教授的学术经历。刘跃进教授以自身的经验和感悟来激励年轻的文献学研究者，他说：“在文史领域，常有一代不如一代的说法。我也一直这样认为。对于那些百科全书式的学者，我们常常高山仰止。但是后来，我突然发现，我们的学生居然也开始操持这样的论调，我就觉得有问题了。我们这一代人，大多成长在‘文革’中，不可讳言，在传统文献学方面，根底浅薄，视野狭窄。这是基本事实。因此，在我们这一代人身上就带有明显的过渡色彩。而比我们更年轻的一代，一定可以很快地超越我们，引领新世纪的学术潮流。对此，我坚信不疑。”又说：“在过去相当长的一段时间里，我们不十分重视文献学，视为繁琐，以为掌握了某种先进的思想方法，就可以升堂入室，抓住中国文化的精髓。为此，我们曾‘东倒西歪’，到处寻找这种放之四海而皆准的法宝。追寻的结果，是与我们民族的文化传统渐行渐远。100 年的经验教训昭示我们，在中国古代文学研究领域，没有别的快捷方式，只能在充分尊重自己文化传统的基础上，转益多师，我们的学问才能形成自己的特色，我们的研究才会有厚重的历史感。”[31]

此外，介绍当代文献学研究者的文章还有《著名辞书学家朱祖延教授》[32]、《好古敏求 卓尔不群——论王国强教授的文献学研究成就》[33]等。

4. 文献学家专集

文献学家专集及纪念集，是研究文献学家的重要资料。白化文主编的《周绍良先生纪念文集》，主要由纪念文章与学术论文组成。[34] 周绍良（1917—2005），安徽东至人，生于天津，藏书家与文献学家，在敦煌文献、善本与汉传佛教文献方面都有深入研究。

文献学家程毅中今年出版《程毅中文存》，收录《古代校勘学的得失与当代古籍整理》、《中国古代小说的文献研究》、《古代小说与古籍目录学》等数十篇论文，其古代小说研究有突出的贡献。[35]

版本学专家王雨（1896—1980，字子霖）个人文集《王子霖古籍版本学文集》2006年由上海古籍出版社出版。全书三册，分别为古籍版本学、古籍善本经眼录、日记信札及其他。王雨为河北深县人，自少在北京琉璃厂书肆当学徒，并与梁任公往来甚密，在梁氏的帮助下开办藻玉堂书店。1925年为中华图书馆协会会员。其长期钻研古籍版本，此文集乃一生心得之集成。[36]

三、专科文献学与专题研究

专科文献学研究方面，文献学作为各个学科的研究基础日益受到重视，其方法论意义也普遍得到接受，我们从建筑文献学、戏曲文献学、文学文献学、音乐文献学、医学文献学、旅游文献学、环境文献学等专科文献学的研究中能够分明地感受到这一点。

1. 关于营造社的文献学研究

2006年是中国营造社解散60周年，《中国营造学社初期建筑历史文献研究钩沉》[37] 和《“辨章学术、考镜源流”——中国营造学社的文献学贡献》[38] 等文章比较详细地梳理了营造社在文献学方面的研究方法和成果，并且在此基础上总结出文献学在建筑史学中所具有的重要意义：文献是史学研究的基础，掌握文献与运用正确的方法是历史研究的基石，营造社的研究始终是文献和实例的结合。真正能够按照王国维双重证据法研究很难，更何况在国学基础欠缺的建筑学领域。要想从根本上改善这个问题，必须进一步强化文献学在建筑历史研究中的基础地位，即强化文化典籍在建筑历史研究中的重要作用。文献学是沟通历史学和建筑历史学的桥梁，提高对文献学的认识理解程度使我们在运用文献学成果时可以更加积极主动。重新明确这一点，有助于学科今后的发展。

2. 戏曲文献与传统语言文献研究

《戏曲文献学刍议》一文讨论了戏曲文献学存在的必要和发展的空间，文章认为戏曲文献学是戏曲研究的重要分支和基础，是一般文献学研究所不能替代的。与其他学科的文献相比，戏曲文献具有诸多自身的特点，这些特点决定了戏曲文献学的研究特色和方法，戏曲文献学还有很大的发展空间，需要更多研究力量的投入。[39]

《中国传统语言文献学》是从文献学的角度，对中国传统语言文献进行了梳理，分四部分：以《尔雅》为主体的训诂文献，以《说文解字》为主体的文字研究文献，以韵书为主体的音韵文献，以及其他语言文献。[40]

3. 专题研究

杨永德著《中国古代书籍装帧》，文字与图搭配得当，体现了中国书籍独特的文化个性。从严格意义上说，这不是一本学术著作，是本普及性的中国古代书装帧知识的读物。[41]

在文献学专题研究方面，宋代研究有相当突出的成绩。2006 年有三本著作问世：张富祥著《宋代文献学研究》，李更著《宋代馆阁校勘研究》，李明杰著《宋代版本学研究》。宋代在学术上有承上启下的特点，又是书籍印刷普及的年代，因而在文献发展史与文献研究史上都有重要意义，这或许是受学界特别关注的原因之一。张富祥的《宋代文献学研究》，讨论宋代在文献学各领域所取得的成就：目录学、校勘学、注释学、辨伪学、考证学、金石学、图谱学、辑佚学、版本学、传统小学等。作者强调：“在一般人的心目中，文献学似乎只是古籍整理层面上的知识问题，技术多，思想少，处在学术史的边缘地带，谈不上有什么重要性，甚至算不上有什么真学问。这是不了解文献学的认识，而不知文献学研究既是一切学术研究的根本和基础之一，也可以影响甚至改变一代学术研究的风气和方向。"[42]颇有见地。

李更的《宋代馆阁校勘研究》是全国高等院校古籍整理研究工作委员会重点规划项目《中国典籍与文化研究丛书》中的一种。这套丛书"注重对中国的古代文献（包括传世典籍和出土文献）的研究和以古代文献为基础对中国文化的探求与思考。其中，有从古文献学的角度进行典籍、文献的专门研究，也有在古代文献、古代典籍研究的基础上，多方位、多视角地审视典籍，审视中国文化，探求典籍与文化的内在关系，探究它们的结合点。它立足于中国古代的典籍，立足于中国古代的文献，力求体现对古文献研究的特色，倡导一种脚踏实地、实事求是的学风，并且提倡有新的切入点，有新的思路、新的方法，推出有质量的，甚至是高质量的学术研究成果"。[43]目前出版有两辑，如王岚的《宋人文集编刻流传丛考》及一些专书研究。《宋代馆阁校勘研究》对宋代馆阁制度、馆阁在图书的搜求、典藏、编目、校理等方面的运作，都作了深入的探讨。

李明杰《宋代版本学研究》是中国古籍版本学史的一个阶段性成果，重点讨论中国版本学的发源（先宋时期）与形成（宋代），作者多角度论证了宋代作为版本学形成期的观点，分述版本学形成的社会基础、核心内容、研究方法及标志性成果。[44]

冯胜君的《二十世纪古文献新证研究》，也是《中国典籍与文化研究丛书》中的一种。该书是对自王国维开创古书古文献新证传统以来的古文献新证派学术工作的研究，作者分析了古文献新证研究的学术背景，对以于省吾、陈直等新证派大师为代表的学术成果进行了深入分析和研究，在充分肯定前辈成绩的基础上，也指出了存在的个别问题。该书对20世纪古文献研究新证派的总结性论述，对于认识以出土文献（文物）与传世文献对照研究的二重证据法和古文献新证研究的学术史意义和价值等，都具有一定的参考意义。[45]

值得关注的是，《宋代馆阁校勘研究》、《宋代版本学研究》、《二十世纪古文献新证研究》三书的作者都是20世纪60、70年代生人，他们年轻，经过严格的学术训练，学术基础扎实，是文献学研究的新的生力军，如杨忠在《宋代馆阁校勘研究·序》中所说的，他们“今后的研究成果必将后来居上，便是可以预期的了”。

参考文献：

1. 李芳民．学理相切劘 疑义共商略——“海峡两岸中国古典文献学国际学术研讨会”综述．西北大学学报（哲学社会科学版），2006（3）
2. 古代文献的考证与诠释——海峡两岸古典文献学国际学术会议论文集．上海古籍出版社，2006
3. 贝复华．中国古典文献学及中国学术的总体发展国际学术研讨会会议综述．新世纪图书馆，2006（1）
4. 孙钦善．古文献学的内涵与意义．江西社会科学，2006（8）
5. 孙钦善．中国古文献学．北京大学出版社，2006
6. 王俊杰主编．文献学概论．宁波出版社，2006
7. 王俊杰主编．中国古典文献学概论．齐鲁书社，2006
8. 陈广忠等．古典文献学．黄山书社，2006
9. 赵令志．中国民族历史文献学．中央民族大学出版社，2006
10. 周国林．二十世纪中国古文献学检论．淮北煤炭师范学院学报（哲学社会科学版），2006（4）
11. 郑杰文．中国古文献学科建设与国学研究．江西社会科学，2006（8）
12. 吴钢．古代文献学教育的整合与发展．图书馆工作与研究，2006（3）
13. 赵兴彬．论古典文献学的结构模式及其意义．泰山学院学报，2006（2）
14. 李夏．论我国文献学学科体系设置．聊城大学学报（社会科学版），2006（2）
15. 赵振．试论文献学学科体系的建立及教材建设．河南图书馆学刊，2006（4）
16. 陈宁．从内容体系看当前中国文献学的“尴尬”现象．理论月刊，2006（3）
17. 陈永刚．略论文献学的体系．宁夏社会科学，2006（1）
18. 陈光华．关于中国文献学学科体系的研究综述．图书馆学研究，2006（1）
19. 王余光，范凡．2005 年文献学研究述略．图书与情报，2006（4）
20. 郭育艳，孙文杰．2001—2004 年中国文献学研究简析．新世纪图书馆，2006（2）
21. 蒋宗福．新时期中国文献学研究综述（1978—2005）．绵阳师范学院

学报，2006（4）
22 王丁．我国文献学研究的特点与前景展望．四川图书馆学报，2006（4）
23 饶增阳．汉代学者对文献学的贡献．图书馆论坛，2006（5）
24 慧超．论汉代易学家对文献学发展的贡献．大学图书馆学报，2006（1）
25 王青芝．谈乾嘉学者对《史记》的考据性研究．兰州学刊，2006（10）
26 王余光．略论20世纪中国文献学家．图书情报工作，2006（2）
27 余训培．蒋伯潜先生及其文献学成就．图书情报工作，2006（2）
28 范凡．陈登原及其文献学论著．图书情报工作，2006（2）
29 战晓雷．谢国桢文献学活动述略．图书情报工作，2006（2）
30 李歆．杨家骆先生及其文献学成就．图书情报工作，2006（2）
31 刘跃进，马世年．走向通融：汉魏六朝文学史的文献学研究——刘跃进先生学术访谈录．甘肃社会科学，2006（3）
32 白雉山．著名辞书学家朱祖延教授．武汉文史资料，2006（11）
33 萧鲁阳．好古敏求 卓尔不群——论王国强教授的文献学研究成就．河南图书馆学刊，2006（2）
34 白化文主编．周绍良先生纪念文集．北京图书馆出版社，2006
35 程毅中．程毅中文存．中华书局，2006
36 王雨．王子霖古籍版本学文集．上海古籍出版社，2006
37 刘江峰等．中国营造学社初期建筑历史文献研究钩沉．建筑创作，2006（12）
38 刘江峰，王其亨．“辨章学术、考镜源流”——中国营造学社的文献学贡献．哈尔滨工业大学学报（社会科学版），2006（5）
39 苗怀明．戏曲文献学刍议．文学遗产，2006（4）
40 杨薇，张志云．中国传统语言文献学．崇文书局，2006
41 杨永德．中国古代书籍装帧．人民美术出版社，2006
42 张富祥．宋代文献学研究．上海古籍出版社，2006
43 《中国典籍与文化研究丛书》总序．见：李更．宋代馆阁校勘研究，凤凰出版社，2006
44 李明杰．宋代版本学研究．齐鲁书社，2006
45 冯胜君．二十世纪古文献新证研究．齐鲁书社，2006

原载于《图书馆》，2007年第4期 作者：王余光、范凡

中国历史文献学研究述论

在我国，学术界使用“历史文献”这个概念，一般具有两方面的含义：一是指过去的文献或古代的文献，这与“古典文献”的概念相类似。例如曾贻芬、崔文印所著的《中国历史文献学》，他们所说的“历史文献”，即指古代的文献。[1]有些学者称之为广义的历史文献[2]。二是指历史学文献，多是指狭义的历史学文献，如《史记》、《清实录》等等，这与“哲学文献”、“文学文献”等概念并列。本文所讨论的历史文献学，是指后一层意思的历史文献学。

一、中国历史文献学的建立

中国历史文献学，作为一个学科的理论探讨是从20世纪80年代开始的。在此之前，学者们对历史文献的整理与研究，为历史文献学的建立奠定了坚实的基础。古代学者对史籍的校勘、注释、考辨等，成果十分丰富；单就历史文献的研究的专著而言，比较重要的有宋代高似孙的《史略》，清代钱大昕的《廿二史考异》、王鸣盛的《十七史商榷》、赵翼的《廿二史札记》、章学诚的《史籍考》等。晚清以降，对新发现的文献研究，如甲骨文献、简策、敦煌遗书，内阁大库档案等，极大地丰富与推动了历史文献的研究。历史文献研究进入20世纪后期，主要表现有几种形式：一是专门史籍的考证，如陈直的《史记新证》、《汉书新证》，黄云眉的《明史考证》等。二是综合性的史料研究与综述。这方面有陈高华、陈智超等著的《中国古代史史科学》，该书上起商代，下迄鸦片战争，以时代为序讲述各代历史文献。与之相衔接的有陈恭禄著的《中国近代史资料概述》，介绍了1840年至1919年间的公文档案、书札、日记、回忆录、笔记、传记、报刊等。与此书相连续的是张宪文著的《中国现代史史科学》，介绍了1919年至1949年间的档案、文献丛编、报刊、回忆录、传记、地方史料等。历史文献研究的悠久传统与丰硕成果，很显然，它为历史文献学的形成提供了宝贵的遗产。

第二方面，历史文献的教学需要，也推动了历史文献学的建立。自20世纪50年代以来，“中国历史文选”或“中国历史要籍介绍及选读”等课，一直是大学历史学科的专业基础课。为了适应教学的需要，不少教师编写了相关教材，其中张舜徽先生所著的《中国历史要籍介绍》是最早的一种。该书1955年由湖北人民出版社出版，“文革”后作者对该书作了修订，更名为《中国古代史籍举要》，仍由原出版社1980年出版。20世纪50年代，张舜徽先生在华中师范学院历史系讲授“中国历史要籍介绍及选读”，该书即是这门课的讲义。[3]修订本分十四章，对通史，纪传体断代史，实录，政治制度史，学术史，方志，史评等方面的代表作都作了评介，书后附有研究中国历史常用书、参考书和工具书。1973年，台北三民书局出版了钱穆所著的《中国史学名著》上下册。该书是作者为台湾文化学院历史研究所博士班学生讲课的讲义，比较详细地介绍了中国主要史著，主要讲述了这些书的内容、体例、写作方法，说明其精神与特点，兼及成书的时代背景和各史家治学的成就。“文革”结束后，此类书籍出版较多，它们有些既作为大学教材之用，又可为一般读者阅读。可以这样说，中国历史文献学作为一门学科，它首先是为大学中一门课程来建设的，这门课是在“中国历史文选”或“中国历史要籍介绍及选读”的基础上建立起来的。

第三方面，文献学的逐步形成，对历史文献学的建立有重要的影响作用，可以说，历史文献学是历史学的基础学科，同时也是文献学的一个分支学科。自郑鹤声、郑鹤春所著《中国文献学概要》以后，到20世纪80年代初，有好几部文献学著作相续问世，并对后来出版的几部《中国历史文献学》著作有直接的影响。

1979年，张舜徽先生发起并创建中国历史文献研究会，1981年在华中师范大学创办中国历史文献学研究所，并开始招收历史文献学博士研究生，自此以后，中国历史文献学的研究开始受到学术界的关注。

二、中国历史文献学研究现状

1981年和1982年，白寿彝以访谈的形式发表了《谈历史文献学》和《再谈历史文献学》两文，[4]他在后一篇文章中说："历史文献学这门学科还没有建立起来。"他认为，中国历史文献学的研究范围可包括如下四个部分：（一）理论的部分，主要研究历史和历史文献，历史学和历史文献学，历史文献作为史料的局限性，历史文献的多重性，历史文献和有关的学科等问题；（二）历史的部分，主要是研究历史文献的发展过程；（三）分类学的部分，主要是研究历史文献分类的问题；（四）应用的部分，并认为这可以包含目录学、版本学、校勘学、辑佚学和辨伪学等。以后，白寿彝在其主编的《中国通史》第一卷中，列有"历史文献和历史文献学"一节，明确指出"历史文献学的建立"。[5]这一节内容与以上访谈基本相同。这里需要指出的是，白寿彝所说的第（二）部分，即历史文献学历史的部分，而他讨论的是历史文献发展史，其实，这两者是有显然的分别。后来孙钦善的《中国古文献学史》与曾贻芬、崔文印合著的《中国历史文献学史述要》，讨论的都不是文献的发展史，而是古代文献整理与研究的历史。[6]

1988年，我写成《中国历史文献学》一书，[7]首次比较系统地开展了对中国历史文献学的讨论。中国历史文献学研究的两个主要内容是中国历史文献和历史文献整理。关于前者，我讨论了历史文献的范围、内容、体裁、取材、价值、数量，以及不同载体形式和少数民族的历史文献。关于后者，我讨论了其发展过程、理论思想与方法及历代整理历史文献的成就。在上述讨论的基础上，我对中国历史文献学开展了讨论。我说，中国历史文献学作为一门专科文献学，它是以历史文献、历史文献整理及其历史为研究对象的，其范围可包括三个方面：

(1) 研究历史文献。从个体上研究历史文献的材料来源、编撰过程、体裁、体例、内容及其价值；从整体上提示历史文献的产生和发展的原因、过程，研究各个时期历史文献的特点等。(2) 研究历史文献整理的内容和方法。即研究历史文献的实证、解释、整序。(3) 研究历史文献整理史。对前人历史文献整理的成就加以总结，供今天历史文献整理的实践作借鉴。

1989 年，又有两本《中国历史文献学》同名书问世，一是张家璠、黄宝权主编，广西师范大学出版社出版；一是杨燕起、高国抗主编，书目文献出版社出版。

广西师大版的作者认为，中国历史文献学的研究内容有四个方面：第一，应研究历史文献产生与发展的历史，考察它与社会的政治经济等诸方面的相互关系，探明现存历史文献的状况，为人们积累、保存、研究与利用历史文献，指明道路，提供科学依据。第二，应研究历史文献的性质与构成，个体文献的内容与形式，并从总体上研究如何分门别类，使人们能辨章学术，考镜源流，更好地对历史文献进行研究和加以利用。第三，研究历史文献的整理与揭示，传播与收藏。前人整理与揭示历史文献的方法，主要有版本、校勘、考证、辨伪、辑佚、标点、注释、翻译、编制书目和索引。历史文献学应逐一加以考察，加以阐明，并在此基础上，探讨新的途径与方法。第四，应总结前人研究、整理与利用历史文献的经验，研究如何批判地加以继承；在此基础上，历史文献学还应研究自身的建设。全书共十章，分别论述了历史文献的产生与聚散、表现形式与类别、目录、版本、校勘、考证、辨伪与辑佚、标点、注释与今译、典藏与阅读、检索等，并对历史文献学的研究进行了回顾与展望。

书目文献版的作者呼吁要建立新的中国历史文献学学科体系。作者认为这个体系应包括三方面的内容：1. 历史文献学理论。主要是对历史文献学的研究对象、时代特色和现实意义，以及它同历史科学、中国传统学术文化等方面的关系进行理论上的探讨，使历史文献学具有自己的理论体系。2. 历史文献学的发展线索。3. 历史文献学的分支学科和相关学科。主要阐述历史文献学各分支学科的内容和实践方法。作者认为，历史文献学包括传统的目录学、版本学、校勘学、辑佚学、辨伪学、传注学、史源学、历史文献编纂学，同时对金石学、方志学、档案学、甲骨学以及民族文献、宗教文化、医药学文献、农学文献等也给予关注。全书分上中下三编，上编讨论历史文献学的有关理论问题，如历史文献学的学科体系与中国传统文化、时代与历史文献学、历史科学与历史文献学等；中编讨论历史文献学的发展，作者将历史文献学的发展分为六个时期，即先秦两汉是中国历史文献学的成立时期，魏晋南北朝隋唐为成长时期，两宋元明为繁荣时期，清为鼎盛时期，近现代为变革时期，最后是中国历史文献学的现状与前景；下编讨论目录学、传注学、校勘学、版本学、辨伪学、辑佚学、史源学、编纂学、藏书史和历史文献学的相关学科与相关文献。

1999 年，谢玉杰、王继光主编的《中国历史文献学》出版，这本书是在张大可主编的《中国历史文献学》（陕西教育出版社 1991 年版）的基础上修订改编的。该书第一至第五章，是介绍不同类型的典籍；第六至第九章，概述历史文献整理的方法与经验；第十章总结前人整理历史文献的成就。[8]

历史文献学是文献学的一个分支，但其自身又是一个相对独立的系统。在这个系统内，又有一些小的分支课题独立出来，并有一些专书问世，这就丰富和加深了历史文献学的研究。如正史学、通鉴学、档案文献学等，已逐步受到人们的重视。

15 年前，我曾提出建立正史学，以便全面开展对正史的研究。所谓正史学，即是对正史和正史整理方法加以研究的一门专门之学。早在清代，钱大昕的《廿二史考异》、王鸣盛的《十七史商榷》、赵翼的《廿二史札记》等，可以看成是正史早期综合性研究著作。自此以后，又有徐浩《廿五史论纲》、张立志《正史概论》、董允辉《中国正史编纂法》、王锦贵《中国纪传体文献研究》等。这方面已有了初步的研究成果，并有极为丰富的正史整理成果，但尚未形成系统的研究。[9]

张煦侯的《通鉴学》，为通鉴学的开山之作。全书分七章，分别为编年史之回溯，通鉴编集始末，通鉴之史料及其鉴别，通鉴史学一斑，通鉴之书法，通鉴之枝属与后继，通鉴之得失与编年史之改造。书中资料丰富，论述谨严，有很多见解对我们都有不少启发。[10]

档案文献学近年来也略具规模，其代表作是黄存勋、刘文杰、雷荣广合著的《档案文献学》。作者认为，档案文献学的内容有三个方面：（一）研究档案文献的性质、价值与特点，档案文献与其他文献，档案史料与其他史料之间的联系与区别；（二）研究查阅、考据、研究、标点、校勘、摘要、编辑以及利用和处理档案文献的其他一些工作的理论和方法；（三）研究馆藏历代档案文献的具体内容、形式及其具体特点和价值，还有利用和处理各代档案文献需要注意的一些具体问题。全书比较系统地论述了档案文献的性质、价值与特点，查阅、考据、研究、校勘、标点、编辑档案文献的理论与方法，并阐述了我国历史档案文献，主要是现存档案文献的源流、种类、内容及价值。[11]

三、中国历史文献学研究内容

从以上几部历史文献学著述所涉及的范围，我们可以大致看出，历史文献学研究主要包括的几方面的内容：

（一）历史文献研究。显而易见，历史文献学研究的主要对象是历史文献。也可以这样说，历史文献研究的缺失，历史文献学就失去了它存在的基础。上述四部历史文献学著作中，只是杨燕起等编著书不涉此内容，[12]其他三书都着力讨论历史文献的相关问题，如历史文献的编纂、价值、类别、发展历史、数量、体裁及民族历史文献等一系列问题。

（二）历史文献整理方法的研究。文献目录（分类）、版本、校勘、考证、辨伪、辑佚、类纂、标点、注释、翻译，这些传统整理文献的方法与手段可以运用在历史文献的整理上，但我们不能认为它们就是历史文献学的分支学科。历史文献学需要对这些方法与手段进行一全新的认识，[13]并随着时代的发展，对历史文献整理手段的现代化应有必要的关注。

（三）历史文献整理成就的总结，这方面的研究也可以看成是历史文献学史的回顾，上述四部《中国历史文献学》著述对此内容都作了必要的阐述。广西师大版设一章“历史文献学研究的回顾与展望”，分古代、近现代及展望三节，较为简明扼要。书目文献版整个中编六章讨论此问题，内容较为详尽，但分期不尽合理，如分两宋元明、清、近现代等，“近现代”是与“古代”相对应的概念，与“清”相接，似有不妥。况且，“清”一章中的“张之洞的《书目答问》”一节，为何不可置入“近现代”之中？民族版中讨论中国历史文献学的发展，把“近现代”的文献学直接从“五四”开始，应当说处理草率。

（四）历史文献学的分支学科。早在20世纪80年代初，白寿彝在《谈历史文献学》一文中，认为历史文献学“可以包括这样的几个内容，一、目录学，二、版本学，三、校勘学，四、辑佚学，五、辨伪学，另外，还包括有古汉语、古民族语文、甲骨文字、金石文字、年代学、历史地理学等等”。[14]在白寿彝看来，以上各学科既可看成是历史文献学的内容，亦可理解是历史文献学的分支学科。后来，白寿彝在《再谈历史文献学》一文中，又否定了上述提法。[15]我以为，正史学、通鉴学、历史档案学等，应为中国历史文献学的分支学科。随着研究的深入，分支学科也会逐渐增多。

中国历史文献学，作为高等院校中一门专业基础课，为相关本科学生提供必要的基础知识；同时它又作为一个博士学位授权点，其建设的好坏，关系到本学科高级人才的培养。近20年来，中国历史文献学的建设颇受众多学人的关注。该领域的几部著述多由众人编撰。除拙著之外，广西师大版的作者10余人，书目文献版的作者涉及十余所高校的20余位作者，民族版的作者单位更多达24所院校。这或许能看出，这一领域的学术队伍还比较壮大，为中国历史文献学在今后的发展，提供了坚实的基础。

参考文献：

1　曾贻芬，崔文印．中国历史文献学．学苑出版社，2001

2，8　谢玉杰，王继光．中国历史文献学．民族出版社，1999

3　张舜徽．中国历史要籍介绍·序言．湖北人民出版社，1955

4　这两篇文章分别发表在《史学史研究》1981年第2期与1982年第4

期上，又收入作者《历史教育和史学遗产》一书（河南人民出版社1983年版）。

5 白寿彝. 中国通史·第一卷. 上海人民出版社，1989

6 孙著由中华书局1994年出版，曾、崔所著由商务印书馆2000年出版。

7 该书由武汉大学出版社1988年出版，1995年台湾天肯文化出版有限公司出版繁体字版。

9 王余光. 中国历史文献学. 武汉大学出版社，1988：12

10 张煦侯. 通鉴学（修订本）. 安徽教育出版社，1982。此书开明书店初版于1948年。

11 黄存勋. 档案文献学. 四川大学出版社，1988：13

12 杨书在“前言”中称：“本书的编写，以马列主义、毛泽东思想为指导，在认真钻研有关资料的基础上，注意理论阐发，以探求历史文献学发展的某些规律。在编写中力求能独立思考，提出有价值的创见。”窃以为，该书有价值的创见不多。

13 何林夏在《试评三部历史文献学著作的学术倾向》一文中，对拙著《中国历史文献学》讨论历史文献整理所作的评价时说：“作者对历史文献研究与整理中各种手段与方法的这一新的认识、归纳和总结，无疑是历史文献学理论研究中的一个突破。”原文载《古籍整理研究学刊》1992年第1期。

14 中国史研究，1981（3）

15 中国史研究，1982（4）

原载于《图书馆建设》，2004年第3期

朱熹在辨伪学上的成就和影响

朱熹，字元晦，徽州婺源人，生于南宋建炎四年（1130），死于宁宗建元六年（1200）。年十八，登进士第，授泉州同安主簿，其后历任枢密院编修、秘阁修撰等职。他是我国古代著名的思想家、教育家，为理学之集大成者，其学说被视为理学正宗，对后世影响极大。朱熹著述众多，涉及经学、史学和文学，但他在辨伪学上也卓有成就，辨伪的书达五六十种，其方法和见解，对后世都有一定的影响。

一、朱熹辨伪的条件

辨证伪书是需要有广博的学识和敏锐的思想，一个辨伪学家光具备这一个条件尚不够，他能取得较大的成就，又总是能继承前人辨伪的成果，并与当时的社会思潮有着密切的联系。朱熹在辨伪学上之所以有发明，那正是他具备了上述这几方面的条件。

中国的辨伪学是由来已久了。早在孔子时代，辨伪工作就已经开展。到了隋唐和北宋，辨伪学已略具规模。刘知几、啖助、柳宗元、欧阳修、程颐、郑樵等人是这一时期辨伪学的代表人物。刘知几的《史通》中有《疑古》、《惑经》两篇，是辨伪书伪说之作。在《竹书记年》与儒家经典的矛盾，指出古人和古帝王的所谓德政都是经过后人涂饰的结果。《惑经》篇对《春秋》等经书提出质疑，认为要了解古代的真相，是不能太相信经书的，《春秋》不过是鲁国的旧史。刘知几的疑古和惑经，动摇了人们的传统观念和对经书的信仰。柳宗元着力辨证诸子，认为《论语》成书距孔子甚远，《列子》书中甚多增窜，《鬼谷子》、《元桑子》等书都是后出的伪作。柳宗元的辨伪能综合运用多种方法，并“以思想体系为根据进行辨伪，颇具开创精神，而且能言之成理。柳宗元在辨伪学史上已开辨群书先河，且意见精当，方法多样，故对后世影响很大”。[①]到了北宋，欧阳修等人进一步怀疑经书，辨证古说，其注意的方面越来越宽。前人辨伪的成就为朱熹所继承和发扬，朱熹的辨伪思想和方法实滥觞于此，他正是在前人辨伪成就的基础上，展开其辨证群书的工作，并形成了比较系统的辨伪方法。

朱熹辨伪的成就主要是在经书方面，他大胆怀疑经书真伪的精神，不仅来源于前人的疑古思想，而且与当时的宗教思潮也有密切联系。宋代的佛教，继隋唐之后，仍十分流行。宋太祖开宝四年（971），《大藏经》敕刻开工，到太宗太平兴国八年（983）始成，共计十三万版，版成后，印行流布。因此，佛教教理的传播与研究更为便利了。对佛教哲学的攻研成了当时一般学者的风尚，宋代诸大儒（如程、朱）对佛教都有相当精深的造诣。朱熹自己曾说：“盖出入于释、老者十余年，近岁以来，获亲有道，始知所向。”可见朱熹对佛教下过相当的工夫。我们知道，佛教中的禅宗创始于中唐而盛于晚唐、五代。禅宗的主要特点是既不要卷帙浩繁的经典，也不要旷劫不息的苦修，而是“直指人心，见性成佛”，“放下屠刀，立地成佛”，禅宗发展到后期，其世界观是泛神论，其佛教徒对信仰也开始动摇，怀疑佛经。一些知名的禅僧连“佛祖”也要“呵骂”了，仰山慧寂说：“《涅槃经》四十卷，……总是魔说！”（《景德录》卷九）有的禅僧甚至公然要“烹佛”、“烹祖”。禅宗这种否定一切，“呵佛骂祖”的思想，对朱熹敢于对经典和学术界权威人物的怀疑产生很大的影响。

一个辨伪学家要具备广博的阅历。然而一个人能博览群书，这与社会为其创造的条件是分不开的。朱熹能阅读到大量图书，这与宋代图书出版事业的发达有着密切联系。中国雕版印刷术发明于隋唐，到了北宋，又有毕昇活字印刷术的创造，为图书的出版提供了条件。宋代出版的图书不仅有儒家经典、史学、文学等书，而且科技、佛教等书也有大量刻印。五代刻成的“九经”，在北宋初期又经过一次重刻，并在988年到1065年刻成十二经的正义；《说文解字》、《广韵》、《玉篇》、《集韵》、《礼部韵略》等字书、韵书也在此时刻成行世。在史学方面，“十五史”和司马光的《资治通鉴》、《唐律疏义》等书也先后付梓。这些书不仅在市场上出售，而且还允许读者纳款赎印。有宋一代，图书的大量出版，为读者读书提供了方便。朱熹在辨证群书时之所以能见闻面广，取证丰富，正是当时图书出版事业的发达为其创造了条件。

朱熹的学识广博和精深，是他能在辨伪学上取得较大成就的重要条件之一。朱熹早年就是“禅、道、文章、楚辞、兵法事事要学”（《朱子语类》卷一〇四，以下简称《语类》）。到了后来，其学术研究仍不限于某一方面，我们从其学生黄干（朱熹的女婿）所写的朱熹《行状》中可见大概。在经学方面，朱熹“竭其精力，以研究圣贤之经训。于《大学》、《中庸》、则补其阙遗，别其次第，纲领条目，烂然复明；于《论语》，《孟子》，则深原当时答问之意，便读而味之者，如亲见圣贤而面命之；于《易》与《诗》，则求其本义，攻其末失，深得古人遗意于数千载之上”。“于《书》，则疑今文之艰涩，反不若古文之平易；于《春秋》，则疑圣心之正大，决不类传注之穿凿；于《礼》，则病王安石废罢《仪礼》，而传记独存；于《乐》，则悯后世律尺既亡，而清浊无据”。在史学方面，“则又考论西周以来，至于五代，取司马温公编年之书，绳以《春秋》纪事之法，纲举而不繁，目张而不紊，国家之理乱，君臣之得失，如指诸掌”。对于当代学者的著作，如周敦颐、程颐、程颢、邵雍、张载等人的学术，则“为之裒集发明，而后得以盛行于世”。在文学方面，又撰写《楚辞集注》、《楚辞辨证》、《楚辞后语》诸书。总之，朱熹知识渊博，这为他能辨证群书打下了极好的基础。

二、朱熹辨伪的方法与成就

朱熹辨伪的方法，他自己作过简单的总结：“熹窃谓生于今世而读古人之书，所以能别其真伪者，一则以其义理之所当否而知之，二则以其左验之异同而质之。未有舍此两途，而能真以臆度悬断之者也。”（《晦庵先生文集》卷三八，以下简称《文集》）在这里，朱熹将辨伪方法概括成两个方面，一是指图书的内容及其产生、流传等情况是否在情理之内，凡其不合情理者，都在被疑之列；再是利用证据来辨证真伪。朱熹又在《答孙季和》中说：“读书玩理外，考据又是一种工夫：所得无几，而费力不少。”（《文集》卷五四）这里说的“玩理”和“考据”说的正是上述两方面。朱熹辨伪活动大体上就是遵循这两条原则进行的。

朱熹对《尚书》及其序的辨证

《尚书》是我国最早的一部历史文献，记述商、周古事。相传经过孔子整理，保存了一百篇。后秦焚书而佚。汉初，伏生口授《尚书》于晁错，得二十九篇，用隶书写成，称《今文尚书》。又传汉武帝末年，鲁共王刘余坏孔宅壁，发现了很多用古文字写成的《尚书》竹简，经孔安国整理，比伏生书多出十六篇，这本《尚书》称为《古文尚书》，此后又遭散佚。到东晋元帝时，梅赜奏上孔安国作注的《古文尚书》和孔安国的序，共五十九篇，这就是今天通行的《尚书》。

朱熹认为《古文尚书》是伪书，他说：“孔壁所出《尚书》，如《禹谟》、《五子之歌》、《胤正》、《泰誓》、《武成》、《商命》、《微子之命》、《蔡仲之命》、《君牙》等篇，皆平易，伏生所传皆难读。如何伏生偏记得难底，到于易底全记不得?”（《语类》卷七八）按常情，易读的文字当好记。《古文尚书》易读，伏生反未口传下来，似不合情理。又说：“凡易读者皆古文，况又是教科书，以伏生书字文考之，方读得。岂有数百年壁中之物，安得不讹损一字?”（同上）朱熹进一步怀疑《古文尚书》孔安国作的注和序，他说：“某尝疑孔安国书是假书。此毛公《诗》如此高简，大段争事。汉儒训释文字多是如此，有疑则阙。今此却尽释之。岂有千百年前人说底话，收拾于灰烬房壁中，与口传之余，更无一字讹舛，理会不得！”（同上）这里朱熹从孔安国的注不类汉儒训释的风格产生怀疑，又从《古文尚书》与《今文尚书》某些篇章的对照，而无一字讹舛处提出质问，说明《古文尚书》及其注、序为汉以后的人所伪造，很有说服力。朱熹又进一步说："大抵古今文字皆可考验，古文自是庄重。至如孔安国书序并注中语，多非安国所作。盖西汉文章虽粗，亦劲。今书序只是六朝软慢文体。"（《语类》卷一三七）由于语言不似西汉风格，故断定孔安国之序及注为伪作。这些证据是切中要害，可以说是给伪《古文尚书》及序和注以致命的打击。

朱熹对《古文尚书》的辨证，给后世辨伪学家很多启发。清代阎若瞿作《古文尚书疏证》，从篇数、篇名、典章制度、历法、文章句读、地理沿革和古今行文异同等方面进行全面考证，确证梅赜所献《古文尚书》及孔安国传为伪作。惠栋作《古文尚书考》也提出了许多证据，至此，《古文尚书》可谓是真相大白了。

朱熹对《管子》的辨证

《管子》一早书在西汉时就广传于世。但《管子》是否是管仲一人所作，是否出于春秋时代，它所包括的内容是否是一家思想？朱熹认为："《管子》之书杂。管子以功业著者，恐未必曾着书。如《弟子职》之为，全似《曲礼》，篇有似庄、老。又有说得也卑，直是小意智处，不应管仲如此之陋。其内政分乡之制，《国语》载之却详。"（《语类》卷一三七）又说："《管子》非仲所著。仲当时任齐国之政，事甚多，稍闲时又有三归之溺，决不是闲功夫著书底人。著书者是不见用之人也。其书，老、庄说话亦有之。想只是战国时人收拾仲当时行事、言语之类著之，并附以它书。"（同上）朱熹的看法可归纳为：一、《管子》非管仲所作；二、管仲是法家，然《管子》书杂，非一家思想；三、老、庄晚于管仲的后人，然其书多有老、庄之语，又《弟子职》篇全似《曲礼》，其内政分乡之制，《国语》载之却详，而《曲礼》《国语》都是管仲之后的作品，因此断定其书是战国时人编撰的。朱熹的辨证很有力，近人罗根泽进一步地辨证，认为《管子》非管子一人所著，其中有些篇章为战国时人作。既然成书非一人一时，故《管子》一书的内容也就很庞杂。近人的研究成果说明了朱熹辨证的主要成分是正确的。

朱熹对《孔丛子》的辨证

《孔丛子》一书被著录，最早见于《隋书经籍志》，该志说是“陈胜博士孔鲋撰。”宋代宋也咸认为是孔鲋撰，说是书论集先君仲尼、子鱼、子上、子高、子顺之言，及作者本人之事，凡二十篇，名之曰《孔丛子》。朱熹认为：“《孔丛子》说话多类东汉人文，其气软弱，又全不似西汉人文。兼西汉初，若有此等话，何故不略见于贾谊、董仲舒所述?”（《语类》卷六六）朱熹从《孔丛子》一书文章风格、出现的时代上断定该书不是出自汉代，当是汉代之后的人作伪。罗根泽根据多种材料认为此书是伪书，作伪的时代在曹魏，并疑作伪者可能是王肃。[②]

朱熹对《子华子》的辨证

《子华子》一书，旧本题春秋时晋人程本所撰。《四库全书总目》上说“《吕氏春秋》引《子华子》者凡三见，高诱以为古体道人。是秦以前原有《子华子》书，然汉志已不著录，则刘向时书亡矣”（《四库全书总目·子部·杂家类》）。到了南宋，《子华子》一书又在会稽出现，朱熹说：“以予观之，其词故为艰涩，而理实浅近；其体务为高古，其气实轻浮；其理多取佛、老、医、卜之言；其语多用《左传》、班史中字；其粉饰涂泽，俯仰态度，但如近年后生，巧于模拟变撰者所为，不惟决非先秦古书，亦非百十年前文字也。”又说该书“以《洛书》为《河图》，亦仍刘枚之谬，尤足以见其为近世之作。……其前一篇托为刘向，而殊不类向之书。……又用吕相绝秦语，其不足信明甚”（《文集》卷七一）。这里朱熹根据多种证据，指出《孔丛子》不是先秦原本，而是当世后生伪作。

朱熹的辨伪工作，不只限于书本上的考证，而且还进行实地考察，究其伪书的来源。我们从其对《麻衣易》一书的辨证，看得出朱熹的这种认真治学的精神。《麻衣易》相传为麻衣所撰，朱熹说：“夫麻衣，方外之士，其学固不纯于圣贤之意，然其为希夷所敬如此，则其为说亦必有奇绝过人者，岂其若是之庸琐哉。且五代国初时人，文字言语质厚沈实，与今不同。”（《文集》卷八一）朱熹所见《麻衣易》，认为其书不像五代时文字，且书中有“落处”、“活法”、“心地”等语，朱熹说此语“皆出近年；且复不成文理。计其伪作，不过四五十年间事耳”（同上）。后来朱熹知南康军，遇一湘阴主簿戴师愈的人。当时戴氏曾刻印《麻衣易》并于卷后为书题跋。朱熹在戴家的书桌上见其“所著杂书一编，取而读之，则其词语气象宛然《麻衣易》也。……予以是始疑前时所料三五十年以来人者，即是此老。既归，亟取观之，则最后跋语固其所为，而一书四人之文，体制规模乃出一人之手，然后始深信所疑之不妄”（同上）。不久，戴氏死，朱熹“遍问邦人，则虽无能言其赝作之实者，然亦无能知其传授之所从也。用此，决知其为此人所造不疑”（《文集》卷三七）。朱熹这种将书本考证与实地采访相结合的辨证方法，其治学态度的严谨，是十分可贵的。

朱熹辨伪的成就是多方面的，他曾作过《诗序辨说》，对《诗·小序》进行辨证。朱熹说：“《诗序》，《东汉·儒林传》分明说道是卫宏作。后来经意不明，都是被他坏了。”（《语类》卷八〇）并认为《诗序》不可多信，多歪曲了《诗》的本意。朱熹又作《孝经刊误》，列举多条证据证明《孝经》中有许多话是抄录《左传》的，如“言斯可道，行斯可乐”一段，是北宫文子论令尹之威仪，在《左传》中自有首尾，载入《孝经》都不接续，全无意思。只是杂史传中胡乱写出来，全无义理，疑是战国时人斗凑出者（《语类》卷八二）。朱熹认为不仅《诗序》《书序》都不可信，而且《易传》也不足以释《易经》，《左传》不足以释《春秋》。因此他在漳州刊布上述四部经书时，都把经与传、经与序分开，让经同注或序不相混，这样做正如顾颉刚先生所说：“实际上却是把两周的史事、制度、学术放在一边，战国、秦、汉间所传的古代史事、制度、学术放在另一边，因而划出了两种不同时代的文化的分野。”③

朱熹在辨伪学上的成就主要是在经、书和子书上，但他对史部书，如《春秋左氏传》、《世本》、《通鉴节要》，宗教书，如《楞严经》、《传灯录》等，都有所辨证，这里就不再详述了。总结朱熹的辨伪成果，可以看出：一，朱熹辨伪工作，有理论有实践；二，辨书面广，涉及经、史、子、宗教诸书；三，辨证少主观臆断，多以证据说话，所引证据丰富、精当，能言之成理，以理服人。能将书本考证与实地采访相结合。凡此种种，都可供后人吸取和借鉴。

三、朱熹在辨伪学上的影响

朱熹学识渊博，著作涉及文、史、哲多方面，其影响是十分广泛的。朱熹死后，元、明、清三代，由于政府的提倡和社会的推重，朱学可以说是风靡天下，盛极一时。元明清科举以四书五经的内容出题，《四书》取朱熹的《章句》和《集注》为标准，五经经中《易》用朱熹的《本义》、《书》用蔡沈（朱的学生）的《集传》、《诗》用朱熹的《集传》为标准。政府取士全依科举，而科举考试的内容大多是采用朱学，因此，全国的知识分子，为了猎取功名与利禄，非钻研朱学不可，而其思想也就几乎完全受其支配与控制。朱熹在辨伪学上的方法与主张，随其思想的流布，影响也是十分深远的。

宋代王柏是朱熹的三传弟子，他继承了朱熹关于《诗经》的主张，并有所发展。《诗经》中的一些爱情诗被汉儒们都赋予了大道理，这当然自欺欺人，朱熹认为汉儒之说不可信，这些爱情诗是淫诗，说孔子保留它们是“取其善者以为法，存其恶者以为戒”。这些爱情诗既然是淫诗，是不符合孔子“思无邪”的宗旨，那么它们又是怎样在《诗经》里被保存下来的呢？王柏认为，这些淫俚歌词极易流传，后人无识，把它们抄下来放进了《诗经》里，因此王柏主张这些诗应被删掉。朱熹卫道的观点很明显，王柏就更为坚决了。

明初宋濂写了一部《诸子辨》，专就诸子书加以辨证，然其主张多受朱熹影响，或直接沿袭朱说。仅以辨证《管子》一书为例，《诸子辨》说：“是书非仲著也。其中有绝似《典礼》者，有近似老、庄者，有论伯术而极精微者，或小智自私其言至卑污者，疑战国时人采掇仲之言行，附以他书成之：不然‘毛嫱、西施’、‘吴王好剑’、‘威公之死、五公子之乱’事皆出仲后，不应预载之也。朱子谓任齐国之政，又有‘三归’之溺，奚暇着书，其说是矣。”我们比较看朱熹关于辨证《管子》之语，那么《诸子辨》一书所受朱说影响就可见一斑了。

明代的胡应麟和清代的姚际恒，他们都接受了朱熹考据古籍的见解和方法。胡应麟作了一部《四部正讹》，对群书的真伪进行了辨证，并多有发明。《四部正讹》在书末将辨伪的方法作了系统的总结，共八条："凡核伪书之道：核之《七略》以观其源；核之群志以观其绪；核之并世之言以观其称；核之异世之言以观其述；核之文以观其体；核之事以观其时；核之撰者以观其托；核之传者以观其人。"考察朱熹辨伪所用的材料，其上八种方法大体上都用了。胡应麟这八种方法正是对前人和他自己辨伪经验的总结。清代姚际恒、阎若璩等人和近代辨伪学家们，也都或多或少地接受了朱熹辨伪的主张，做出了前人未能做出的成果来。

我们说，朱熹在辨伪学上的成就是卓越的，影响是深远的，但他的辨伪仍有很大的局限性。一，朱熹没有作出一部辨伪的专著，其辨伪的见解都是散见于他的著作中，因而很不系统。朱熹曾想作一部专门辨伪的著作，他在谈到《孔丛子》和《孝经》是伪书时说，"而《通鉴》皆误信之。其他此类不一，欲作一书论之而未暇也"（《文集》卷六六）。二、朱熹有些辨伪是证据不足或证据不当，不能使人信服。如在谈到《握奇经》一书时说："《握奇经》等文字恐非黄帝作，唐李筌为之。圣贤言语自平正，却无许多峡峣"（《语类》卷125）。仅以语言平正与否，不足证明其书真伪；再说"圣贤言语平正"，本身这就不成立，当然也就不能作为证据。三，朱熹的有些辨伪没有证据，完全凭直觉判断这当然更不令人信服。如朱熹说："《琴志》……亦方是五七十年来文字，非古书也。"（《晦庵先生续集》卷七）又说"《指掌图》非东坡所为"（《语类》卷一三七）。又说"《警世》、《竞辰》二图，伪"（同上）。这里都未列出证据，仅凭直觉下的判断其见解也就难以被人接受。四，朱熹对待伪书的态度是不正确的。如他说"《龙图》是假书，无所用"（《语类》卷六七）；又说"《世本》，旧闻发人说，家间亦尝有之，以兵火失去，然则世间亦须尚有本。但今见于诸经注疏者，恐亦或出附会假托，未必可凭据，正亦不必苦求耳"（《文集》卷六四）。在这里，朱熹认为伪书是没有用，既然是没用，那也就不必收藏了。我们说，伪书不是无所用的，顾颉刚说："许多伪材料，置之于所伪的时代固不合，但置之于伪作的时代则仍是绝好的材料。我们得了这些材料，便可了解那个时代的思想和学术。"④再说，真书与伪书的界限本身也不是绝对的。有些书本不伪，只是后人硬把它说成是某某古圣人所作，时间混乱了，造成不伪为伪；有些书只有部分后人作伪，有些书虽全是伪作，但把它放入作伪的时代，也可作为真实的材料。这样，只要能区别对待，伪书也就能发挥出应有的作用。

注释：

①孙钦善《古代辨伪学概述（中）》，载《文献》第十五辑。

②参见罗根泽《诸子考索》，1958 年人民出版社出版。

③顾颉刚《古籍考辨丛刊》第一集后记，中华书局 1955 年版。

④顾颉刚《古籍考辨丛刊》第一集序，中华书局 1955 年版。

原载于《四川图书馆学报》，1987 年第 4 期。作者：王余光、钱婉约

顾颉刚在中国历史文献学上的贡献

——关于辨伪方法的理论与实践

古书古史的辨伪，是历史文献工作的重要方法之一，历来为文献学家和史学家所重视。在这方面，顾颉刚的理论与实践，具有重要的创新价值与意义。早在20年代，顾颉刚与胡适、钱玄同等人就在《努力周报》的附刊《读书杂志》上发表文章，讨论古史问题。古史讨论一展开，在全国史学界产生了极大的反响，以顾颉刚为首的疑古派，遭到了一帮信古学者的反对，古史讨论愈来愈深入。在古史讨论中，顾颉刚对待古史的态度及其古代史学观逐渐产生，并臻成熟。他研究古史的理论方法对我国的史学界产生了较大的影响。

新文化运动以后，西方的治学方法和资产阶级的史学观不断输入，极大地冲击了我国传统史学，一批乐于接受西学的青年学者受到了极大的启发，他们开始注意西方的治学方法。这一时期，顾颉刚正在北京大学读书，当时北大是新文化运动的中心，胡适等人此时正执教于北大，热心鼓吹西学。胡适依据西方实践主义理论，提出了一整套治学方法，概括起来就是"'尊重事实，尊重证据'。在应用上，科学的方法只不过'大胆的假设，小心的求证'"。[①]顾颉刚深受这种学说的影响，他说，"科学的基础完全建设于假设上，只要从假设去寻求证据，更从证据去修改假设，日益演进，自可日益近真。后来听了适之先生的课，知道研究历史的方法在于寻求一件事件的前后左右的关系，不把它看着突然出现的。"[②]又说："胡适先生在北京大学讲学，常根据他从西洋得来的治史方法，考证中国历史上的问题，于是古代史的威信更为动摇。颉刚等身逢其会，便开始提出古史上诸问题加以讨论，'古史辨'便在这种情态之下出现了。”[3]不难看出，顾颉刚疑古思想的产生是受到西学的启发，西方治学方法的输入，成了古史讨论开展的原因之一。

促成顾颉刚疑古思想产生的另一重要因素是清代中叶以来疑古学的渐兴。其实，对古书古史之伪的质疑，早在唐代就有，自此以后，历代都出现了一些疑古学者，如唐朝的刘知几、宋朝的郑樵、明朝的胡应麟、清朝的姚际恒和崔述等。其中以郑樵、姚际恒和崔述对顾颉刚的影响最大。顾颉刚说：“我的学术工作，开始就是从郑樵和姚崔两人来的。崔东壁的书启发我‘传、记’不可信，姚际恒的书则启发我不但‘传、记’不可信，连‘经’也不可尽信。郑樵的书启发我做学问要融会贯通，并引起我对《诗经》的怀疑。所以我的胆子越来越大了，敢于打倒‘经’和‘传、记’中的一切偶像。我的《古史辨》的指导思想，从远的来说就是起源于郑、姚、崔三人的思想。”[4]顾颉刚的辨伪方法是直接受崔述等人启发而产生的。到了近代，康有为对顾颉刚疑古思想的确立也有很大影响，如顾颉刚自己所说的那样，自从读了《孔子改制考》之后，经过五六年的酝酿，这才始有推翻古史的明了的意识和清楚的计划。[5]

当时，考古学在我国始兴，这为研究古史提供了新的材料。北京地质调查所陈列了许多古物，河南新郑县也发现了大批的古物，孟津有许多车饰出土，这些考古新成就为顾颉刚的疑古提供了不少佐证。顾颉刚说，“我们当时为什么会疑，也就因得到一些社会学和考古学的知识，知道社会进化有一定的阶段，而战国、秦、汉以来所讲的古史和这标准不合，所以我们敢疑。”[6]

正是上述三方面的因素，致使顾颉刚开始大胆地怀疑传统史学，与此同时，顾颉刚新的史学态度与史学观也开始萌发与确定，并见之于史学研究的实践，为后来开辟古史研究的新局面提供了条件。

我们先看看顾颉刚对待古史的态度，概括起来有四个方面。

第一，打破民族出于一元的观念。传统史学认为中华民族发源于一个统一的世系。顾颉刚认为我国早期世族，并不是由一个世系发展的，而是各有始祖，如商出于玄鸟，周出于姜嫄等。只是春秋以来，战争连绵不断，大国兼并了小国，各民族日益合并，民族观念渐渐淡漠，而民族统一的观念渐强，因而像《尧典》、《五帝德》、《世本》这一类书相继出现，并将许多民族的始祖传说渐渐归到一条线索上，有了先后的君臣关系。顾颉刚认为，对待古史，应理出各民族的头绪，并寻出各民族系统的异同状况。像《世本》这类书不足以为古史研究的可靠依据。

第二，打破地域向来一统的观念。中国人民希望统一的思想始于战国，到秦才得到了实现。在此以前，尚无一个统一的疆域，甲骨文中的地名都是小地名而无邦国的名目，商朝天下也只是“邦畿千里”，周朝也没有将四方民族统一，楚国地方还在今河南湖北，当时他们还是“筚路蓝缕，以启山林”，郑国在今天的河南新郑，但也是“艾杀此地，斩之蓬蒿藜藋，而共处之”。可见土地荒芜，刚发人迹，哪里说得上是一统的局面。传统史学认为自黄帝以来，地域就是一统的，这是不顾历史事实的。顾颉刚认为：“我们对于古史，应当以各时代的地域为地域，不能以战国的七国和秦的四十郡标准做古代早就定局的地域。”⑦

第三，打破古史人化的观念。古人对于神和人原没有界限，许多早期的神话和传说到了春秋以后便就成了历史，人和神混杂了。如后土原是地神，却成了共工氏的儿子；人又与兽相混杂，如夔本是九鼎上的罔两，后来成了乐正的官；还有兽与神相混杂，如鲧化为黄熊而为夏郊，等等。这些情况，使古史真伪难辨。顾颉刚认为，应当还历史的原来面目，分清历史真实与神话的区别，分出宗教与传说的区别。

第四，打破古代为黄金世界的观念。传统史学所描绘的古代是一个黄金的世界，这一观念起源于战国，当时的政治家要依托古王去压服今王，极力把远古的“王功”与“圣道”合在一起，使人们认为古王的道德功业真是高到极点，好到极处。这一观念一直延续下来，就致使“中国人向来有个历史退化观的谬见，以为愈古的时代愈好，愈到后世便愈不行，这种观念根深蒂固地种在每个国人的脑海中，使大家对于当世的局面抱悲观，而去幻想着古代的快乐。”[⑧]其实，古代哪是什么黄金世界呢，战争、死亡、自然灾害，一系列的恐怖永远笼罩着不必说，田亩都是贵族私有的，人民只是奴隶，终年服着劳役，何以谈得上快乐？因此，真正的远古史要还以历史的真面貌，所谓三皇五帝的黄金时代不过是一种欺骗人的伪说。

综合上述四点可以看到，顾颉刚的史学态度的中心思想是历史的、客观的。早在30年代，顾颉刚就说：“我自己绝不反对唯物史观……至于研究古代思想及制度时，则我们不该不取唯物史观为基本观点。”[⑨]顾颉刚要打破传统史学，还远古的原来面目，建立一个真实的远古史系统，这在史学界无疑是进步的。

我们再来讨论顾颉刚研究古史的方法实践。早在一九二三年，顾颉刚在《读书杂志》上发表了《与钱玄同先生论古史书》一文，首先指出了层累地造成的古史观。他说，“我很想做一篇层累地造成的中国古史，把传统中的古史的经历详细一说。这有三个意思。第一，可以说明‘时代愈后，传说的古史期愈长’。……第二，可以说明，‘时代愈后，传说中的中心人物愈放愈大’。……第三，我们在这上，即不能知道某一件事的真确的状况，但可以知道某一件事在传说中的最早的状况”。根据这一观点，顾颉刚对我国远古史进行了认真的研究，大量的考证，其研究结果，使人们对远古的认识焕然一新。我们以几个事例来说明这一问题，首先看看对远古帝王关系的认识，这是古史上一个重要问题。

顾颉刚对古书进行了排比和考证，将远古帝王的关系进行了一番重新的整理，结果表明，在《诗经》中的记载只有禹，《商颂·长发》云：“洪水茫茫，禹敷下土方……”这是说，洪水茫茫，上帝让禹下来布土，而后才有商的建立。在这里，禹是神而不是人。到了周，禹由神变成了人王。东周末年，尧舜才出现，这从《论语》上看得出，《论语》将尧舜放到了禹的前面，成了最早的人王，但尧舜禹三者关系尚不清楚。《论语》之后，尧舜的故事就编造得更为完善了，于是出现了《尧典》、《禹贡》等书。它们把尧与舜写成了翁婿的关系，舜与禹写成了君臣的关系。到了后来，黄帝之说起于秦国，经过了方士的鼓吹，于是黄帝立在尧舜之前，许行造出了神农，于是神农又立在黄帝之前，自《易》抬出了庖犠氏，于是庖犠氏又立在神农之前，自《世本》硬为古代的帝王造了一个世系，于是人人都成了黄帝的子孙。汉代与苗族交往，于是把苗族的始祖盘古传了过来，成了开天辟地的人，更在所有的人王之前。[10]这正是说，时代愈后，传说的古史期愈长。

民间有孟姜女寻夫的传说，传说初期还是地方性的，后来地域越演越广，故事情节也越来越具体和放大。“哭夫”的故事较早出现在《左传》、《孟子》等书上，说是杞梁战死，其妻到都城外迎柩而哭的情节。到了西汉，就说杞梁妻哭夫连城墙都崩倒了（见刘向《列女传》：“十日而城为崩。”）。三国时代，便有了哭崩梁山的说法，这时孟姜哭夫也从今山东传到今陕西，地域愈来越广延了。到唐代，根据《调玉集》引《同贤记》记载：“杞良，秦始皇时北筑长城，避苦逃走。……主典怒其逃走，乃打煞之，并筑城内。”“仲姿既知，悲哽而往，向城号哭，其城当面一时崩倒，死人白骨交横，莫知孰是。仲姿乃刺指血以滴白骨，云：‘若是杞良骨者，血可流入。’即沥血，果至良骸，血径流入。”这里故事已十分完备和具体了，而且比早期的传说更为神化和更为放大。发展到明代，这种神化的色彩就更浓了。据马理《姜女诗序》记载：“寻问范郎，已埋版筑中矣。女乃绕城哭，城隅为隳……女即其处求骸……遂负之归……主将命追之，女至宜君山同官界所，登山，渴甚，痛哭，地涌甘泉，今其地名曰哭泉。时女倦甚，不能奔，而追将及，忽峰转移，若无径然，追者乃返。”这种传说的神化和放大，正说明，时代愈后，传说中的中心人物愈放愈大。

在上两方面，我们不知道某一件事的真实情况，但可以知道某一件事在传说中的最早状况。又如，我们不知道夏商时的夏商史，也至少能知道东周时的夏商史，我们不能知道东周时的东周史，也至少能知道战国时的东周史。

胡适概括出顾颉刚研究古史的具体方法，大约有以下四步：[11]

（1）把每一件史事的传说依先后出现的次序排列起来。

（2）研究这件史事在每一个时代有什么样的传说。

（3）研究这件史事的渐渐演进，由简单变为复杂，由陋野变为雅驯，由地方的变为全国的，由神变为人，由神话变为史事，由寓言变为事实。

（4）遇可能时，解释每一次演变的原因。

进一步说，古史层累地造成，但又是怎样一层一层地堆砌起来的呢？所谓层累地造成的古史观，就是一种逐渐造伪的古史观。古史传说固然一大部分不可信，但是有意造作历史的人究竟不多，那么古史传说怎么会层累起来的呢？这可用分化演变说来解释。因为古史传说愈分化愈多，愈演变愈繁，这繁的多的哪里去安插呢？于是就层累起来了。“所以有了分化说，层累地造成的古史观的真实性便越发显著，分化说是层累说的因，层累说则是分化说的果”。[12]

从层累说到分化说，可以看到顾颉刚是持历史演进的观点。顾颉刚说：“我对于古史的主要观点，不在它的真相而在它的变化。”[13]顾颉刚在考察孟姜女故事的演变，知道她起初是却君郊吊，后来变为善哭其夫，又变为哭夫崩城，最后变为万里寻夫。这样的“不定一真，惟究流变”的做法，“即使未能密合，而这件故事的整个的体态，我们总可以粗粗地领略一过”。[14]这就是说注重传说故事的流变和演化，注重史事的最先是怎样，以后逐步地变迁成怎样，这种运用历史演化观来研究历史，在当时的史学界具有重大的影响。

综上所述，可以看出，顾颉刚是以历史的客观的态度来对待历史传说、历史事件和人物的，并用层累说和分化说的方法来解释这些传说、事件和人物的流变、演化的过程，顾颉刚这一史学观和史学方法是他长期从事古史研究的结果，也与他敢于接收新思想、勇于探新开创的精神是分不开的。

我们知道，“五四”以后的中国学术界，虽然新文学，新史学取得一定的地位，但旧文学和旧史学仍有很强大的势力。当时的北京大学是新文化的发源地，新旧学派的斗争也十分明显。在史学方面，尊孔信古派的如陈汉章、黄侃等教授，反孔疑古的有钱玄同、胡适等教授，他们都是顾颉刚的老师，对顾颉刚都产生过一定的影响。此外，当时学术界的康有为、章太炎所代表的今古文两派之争，对顾颉刚的影响也很大。顾颉刚毫不犹豫地亲疑古派而远离信古派，也能跳出古今文两派的范围。我们说，顾颉刚的疑古虽有不少地方也是根据不足的，但他能打破旧史学，这是十分可贵的。蔡尚思说："人们多只知道：在文学上以白话派而向文言派进行斗争，是进步的一种表现！而还不知道史学上以疑古派而向信古派进行斗争，以资产阶级的一些方法而向地主阶级的一些方法进行斗争，也同样是进步的一种表现。"⑮顾颉刚的史学理论与实践影响是十分广泛的，郭沫若早期就肯定了顾颉刚在史学上的地位和作用，他说："顾颉刚的层累地造成的古史，的确是个卓识。……自己研究了一番过来，觉得他的识见是有先见之明。在现在新的史料尚未充足之前，他的论辨自然并未能成为定论，不过在旧史料中凡作伪之点大体是被他道破了。"⑯

总结顾颉刚的古史研究，不难体会到他在研究方法上的卓见和开创精神。他开创了一个古史研究的新天地，在这个新天地里，使人们清楚地认识到远古人物、传说的真确状况。顾颉刚关于辨伪方法的理论和实践，为我国史学研究开拓了广阔的前景。

注释：

①胡适《治学方法与材料》，载《胡适文存》三集卷二，台北远东图书公司 1953 年版

②顾颉刚《古史辨》第一册《自序》，上海古籍出版社 1982 年版

③⑧顾颉刚《当代中国史学》

④⑥顾颉刚《我是怎样编写"古史辨"的?》，《中国哲学》第二册、第六册。

⑤参见《古史辨》第一册《自序》

⑦顾颉刚《答刘胡两先生书》，《古史辨》第一册，上海古籍出版社 1982 年版

⑨顾颉刚《古史辨》第四册序，上海古籍出版社 1982 年版

⑩参见顾颉刚《与钱玄同先生论古史书》，《古史辨》第一册，上海古籍出版社 1982 年版

⑪参见《古史辨》第一册，上海古籍出版社 1982 年版

⑫杨宽《古史辨》第七册自序，上海古籍出版社 1982 年版

⑬⑭顾颉刚《答李玄伯先生》，《古史辨》第一册，上海古籍出版社 1982 年版

⑮蔡尚思《顾颉刚创造的新疑古派》，《社会科学战线》1981 年第四期

⑯郭沫若《中国古代社会研究》附录《追论及补遗，夏禹的问题》，人民出版社 1954 年版

原载于《四川图书馆学报》，1984 年第 4 期

王重民先生的生平与著述

王重民先生，名重民，字有三，曾化名鉴[①]。1903 年 1 月 3 日生于河北省高阳县西良淀村，1920 年毕业于高阳县高等小学，同年考入保定第六中学。1924 年考入北京高等师范学校（后改名为北京师范大学），师从陈垣、杨树达、高步瀛、黎锦熙等人。其时北海图书馆馆长袁同礼在师大讲授目录学，深感王重民学习刻苦而生活处境艰难，便介绍他到北海图书馆兼职。1929 年王重民师大毕业，不久即任职于国立北平图书馆，次年任北平图书馆编纂委员会委员兼索引组组长。

1934 年 8 月，王重民以“教育部派考察图书教育”官员的身份，被派往法国巴黎国家图书馆，搜集与研究我国流失海外的图书资料：一是敦煌遗书；二是明清间天主教士华文著述；三是太平天国史料；四是古刻旧钞四部书罕传本[②]。在巴黎图书馆工作期间，曾于 1935 年夏往德国柏林普鲁士图书馆搜集中国古书罕见本与太平天国文献。1936 年曾往梵蒂冈图书馆阅读明清之间来华天主教士的译著书籍。1937 年 4 月在巴黎与刘修业女士结婚。次年，与向达同赴英国伦敦博物院图书馆阅读该馆所藏的敦煌卷子。1939 年第二次世界大战爆发，王重民前往美国，受美国国会图书馆远东部主任恒慕义邀请，为该部鉴定一批中国善本书，并写成提要一千六百多篇。此前，北平图书馆因形势所迫，于 1935 年将本馆所藏部分图书南运，其中五千余种善本书籍运往上海，[③]后上海被日军占领，这批古书受到威胁。1941 年，王重民受中国驻美大使胡适与北平图书馆袁同礼馆长的委托，由美返沪，视情况将这批善本书运往美国国会图书馆保存。由于善本太多，不能全运，王重民从中精选二千七百二十种，装成一百箱，以待抢运。同年 5 月，王重民返美。

年底，这批古籍善本秘密运往美国，存放在国会图书馆。从此，王重民对这批古籍进行了整理并作提要，制成缩微胶卷。在美期间，王重民还几次往美国普林斯顿大学葛思德东方图书馆，鉴定该馆所藏善本书，并撰写了一千种提要。

1947 年 2 月，王重民夫妇由美返国，仍任职于北平图书馆，并在北京大学中文系兼职。此前，王重民曾向当时的北大校长胡适建议设立图书馆学系，以造就高深人才。王重民回国后，因条件尚不具备，先在中文系办图书馆学专修班，1947 年 9 月开始招生。

1948 年底，北平图书馆馆长袁同礼离开北平，馆长之职由王重民代理。1949 年初，北平解放，王重民被任命为北京图书馆副馆长。同年，北京大学图书馆学专修科从中文系独立出来，王重民兼任主任。1952 年，王重民辞去北京图书馆职务，专任北京大学图书馆学专科主任。1956 年，教育部决定在北京大学成立图书馆学系，学制四年，王重民任系主任。次年 8 月，被错划为右派，并撤销了系主任之职。1959 年借调至中华书局，参加《永乐大典》的整理工作，1960 年回系继续任教，1963 年开始招收“中国目录学史”方向的研究生。“文化大革命”开始后，王重民先生受到冲击。1974 年参加《史纲评要》一书的鉴定与整理工作，因坚持学术真理，遭到“四人帮”在北大的代理人的忌恨。1975 年 4 月 16 日，王重民先生难以承受来自校方的诬陷，自缢于颐和园，含冤而死。

王重民先生在学术研究上的主要成就可以概括为以下数端：

一是在索引编纂方面的成就，他主持或参与编纂的索引主要有《国学论文索引》初编、续编、三编，《清代文集篇目分类索引》、《老子考》等，一直受到学术界的重视。

二是在敦煌学，特别是在敦煌遗书的整理与研究方面，其主要成果有《敦煌古籍叙录》、《敦煌变文集》、《敦煌曲子词集》、《补全唐诗》、《敦煌遗书总目索引》、《敦煌遗书论文集》等，堪称在此领域最为全面与博大，某些方面亦最为专精，作出了里程碑式的贡献。[④]

三是文献目录学研究。首先是古籍题录方面，王先生先后为美国国会图书馆、北京大学图书馆、北京图书馆所藏善本古籍撰写了5620篇提要，详细记录了这些古籍的版本特征、流变，作者、编校者及刻工等情况。这五千余种提要在王先生去世后，由刘修业整理成《中国善本书提要》与《中国善本书提要补编》出版。其次是中国目录学史的研究，代表作有《中国目录学史论丛》、《校雠通义通解》等。再次，文献目录学的其他论著，先后汇编成《图书与图书馆论丛》、《冷庐文薮》两种文集出版。其中特别值得注意的是，王重民先生在海外搜集的太平天国文献与明清间来华天主教士的译著书籍。

对于王先生的学术成就，不少学者都已从各个侧面作出了高度的评价。这里，我引用白化文教授的一个总结性结论，他说："王先生的学术确实是博大精深，在目录学、版本学、校勘学和敦煌学、史学和索引编纂等方面，王先生都达到了他那个时代所能达到的最高水平。说他是中国近现代目录学和敦煌学的代表人物，绝非过誉；说他是中国现代学术论文索引编纂的奠基人，也是公认的事实。"⑤

王重民先生是北京大学图书馆学系的创始人，这个系从附属专修科到独立专修科，从专修科到招收本科、研究生的系建制，每一步的发展都凝聚着王先生的努力与智慧。他制订教学计划，延聘名师，为图书馆学系的壮大奠定了基础。他先后开设了一系列新课程，主要有"普通目录学"、"中国目录学史"、"目录与书刊评介"、"历史书籍目录学"、"中国目录版本学"、"中国书史"、"中国工具书使用法"等，并编写了相关教材。王先生是一位热诚的教育家，他平易近人，诲人不倦，深受学生爱戴。在中国图书馆事业与图书馆学教育的发展史上，有着不可磨灭的贡献。

注释：

①有些传记文字上称王重民原名鉴，后改名重民。参见：刘修业．王重民教授生平及学术活动编年，见王重民．冷庐文薮．上海：上海古籍出版社，1992：880

②王重民．海外希见录·自序．图书季刊，1935

③这批书可能先装成246箱，寄存在上海商业银行仓库内，后转移至法租界汶林路民房内存放。除运往美国的古籍外，尚余149箱。见：北京图

书馆馆史资料汇编．书目文献出版社，1992：433，786

④白化文．王重民先生的敦煌遗书研究工作．北京图书馆馆刊，1997（3）

⑤白化文．冷庐文薮·序，见王重民．冷庐文薮．上海：上海古籍出版社，1992

该文为作者在“纪念王重民先生诞辰一百周年学术研讨会”上的发言。原载于《图书情报工作》，2003年第5期

论张舜徽先生的读书治学与阅读指导

张舜徽（1911 年 8 月 5 日—1992 年 11 月 27 日），湖南沅江人，自学成才。早年在长沙雅礼等中学任教，自 1941 年起，先后在湖南国立师范学院、北平民国大学、兰州大学等校任教，曾任兰州大学中文系主任。1951 年起，在华中师范大学历史系任教，并任历史文献学研究所所长。1979 年创建中国历史文献研究会并任会长。在治学上，博览群书，走通博之路，于小学、经学、史学、文献学等均有精深研究，一生笔耕不辍，著述颇丰。

一、读书治学

我在北京大学读书的时候，就已读过张舜徽先生的书，如《清人文集别录》、《中国古代史籍校读法》等，对先生的学问极为仰慕。毕业后，到武汉大学工作，这为我向张先生当面请教提供了方便。

1985 年春，我来到桂子山，叩开了张先生的寓所。先生中等身材，湖南口音，一派长者风度。1990 年秋，张先生年近八十，仍精神矍铄，走上讲台给博士生上课，在听课学生中，我亦有幸忝居末席。先生口才极好，思路清晰，引征宏博，颇多创识。十几年来，我阅读了先生的一些主要著作，对先生的生平、读书与治学有了初步的认识。

张舜徽先生 1911 年 8 月 5 日生于湖南沅江县赤山之老屋村。此地背负高阜，北临洞庭，山水共长天一色，风景极为宜人。张家为书香门第，祖父系清同治进士，父亲有极好的经史根基，又崇尚新知。家中典籍甚丰，又有新式报刊，如《东方杂志》、《少年杂志》等。或许正是这样的自然环境和人文背景，塑造了先生宁静淡泊、勤奋求知的学人性格。

先生自幼好学，七岁随父学王氏《文字蒙求》，继而诵习《说文解字》及段《注》、王氏《句读》、《释例》，又涉览桂氏《义证》、严氏《校议》、朱氏《通训定声》等书。十七岁时，读完郝氏《尔雅义疏》，并作了一篇长跋，初步运用《说文》对《尔雅义疏》进行了一些考订，这是先生撰写学术论文的开始。

通识古文字是研究中国传统学术的基础，张先生在四十多年前就强调："阅读旧籍，必识古字古义。士而有志习本国文史，则日接于目者，皆古书也。苟不识其文字，何由通其语意，故读书必以识字为先。"[1]

1947 年，张先生在兰州任教期间，曾给学生开列了一个《初学求书简目》，首列"识字"一门，收有关字形、字音、字义诸书，供学生选读。但通识古文字仅是读书的基础，是进入学术殿堂的门径，若"通此而不博览群书，是犹终身立于门外"。[2]在先生看来，即便是致力于文字、音韵、训诂的学者，也应联系于读书，以读书为归宿。

有一例颇能发人醒悟。《说文》释"发"为"根也"。徐灏认为"此根字乃拔之误"，段玉裁干脆回避，解为"头上毛也"，皆不明"根"之义。可见从字到字，很难解决问题。先生据《大戴礼记》等书的材料，认为："人之头上有发，亦犹草木之本下有根。许以根释发，盖古训矣。"[3]很令人信服。因此，须由识字进于读书。

先生少时，在初具文字学功底的基础上，开始读书。先随父学习《四书》、《五经》，继而读《古文辞类纂》、《经史百家杂钞》及《经史百家简编》等书。此时先生读书并不限于古书，对当时人的著作，如严复、梁启超、蔡元培、胡适诸家之书，也时常翻阅。先生特别喜好梁启超的《清代学术概论》一书，其一生服膺乾嘉诸儒之学，即自此始。

十八岁那年，先生出游求师访友，初到长沙，继往北京。在北京时，住姑夫余嘉锡家，其时余氏任辅仁大学教授，兼授北京大学、师范大学课，交游甚广。当时在京的学界名流如陈垣、黎锦熙、杨树达、骆鸿凯、高步瀛、吴承仕、沈兼士、钱玄同、马衡、孙人和等先生，常与余氏往还，先生因姑夫之介绍，得以结识这些学者，常虚心求教，有的便执贽称弟子。先生平日每天到北海图书馆看书，朝出晚归。逢星期日，便分赴各先生家拜访，论学质疑，左右采获，收益颇丰。[4]第二年，先生开始读《资治通鉴》，日尽一二卷，花了七个月的时间，读完了这部大书，并写了简明的札记。

先生二十一岁时，开始在长沙担任各高级中学的语文、历史教师，课余便伏案读书。此时涉览以史书为多。二十四岁时，发愿通读全史，取百衲本《二十四史》校读殿本《二十四史》，日尽一卷。花了十年时间，才将这3259卷的大书校读完毕。读《二十四史》，先生采取分组的读法，将《史记》、《汉书》为一组，《后汉书》、《三国志》为一组，《南史》与宋、齐、梁、陈四书为一组，《北史》与魏、齐、周、隋四书为一组，唐及五代，则取新旧二书互相参阅。当时无标点本，先生一边读一边圈点，并作札记，校勘异同，考证史实。这一《二十四史校读记》稿本共十巨册，惜在抗日期间为日寇焚毁。三十岁以后，先生开始在各大学任教，仍利用课余时间披览大部头古籍。1944年，先生三十三岁，在读完《二十四史》之后，开始读《全上古三代秦汉六朝文》及《全唐文》，并写了一篇近3万字的《读文札记》。在札记中，先生曾就读大部书谈了自己的体会，他说："余近年观大部书，每以苏子瞻八面受敌法求之，往往有得。苏言本施之治史，余则以为读天地间一切书籍，皆当如是。余平生为学，于精习之书，用心至细，工夫至密，《三礼》、《毛诗》、《尔雅》、《说文》是也。涉览之书，则但通其大略，而不钻求一字一句之末，若此类书是也。"[5]这里，先生将所读之书分精习与涉览两类。凡涉览之书，则采用苏轼八面受敌法，即集中精力，每次只围绕一个中心、带着一个问题去阅读，这样较能立见收效。

1946年，先生在广泛阅读周秦诸子百家著作的基础上，将周秦诸子有关政治的言论，撮录为一书，成《周秦诸子政论类要》，这是先生博览群书的又一成果。次年，兰州大学图书馆购得一部《皇明经世文编》，先生乘暑假间隙，入馆读之，日尽十卷，历五十日而毕。由于此书所收文献按时世先后排列，不便按类检索，因此，先生在阅览之余，又择取其议论较好者 302 篇，编成一分类目录，以便检索。

自此以后，先生开始广泛阅读清人文集、笔记。凡所寓目文集达 1100 余家，每集读毕，辄考作者行事，记书中要旨，究其论述之得失，校其学识之浅深，各为叙录一篇。1961 年，先生将这些叙录略加删汰，汇集成《清人文集别录》一书，出版问世。又读清人笔记三百余家，对其中较有成就的一百家，分条加以考辨，成《清人笔记条辨》一书。

综观先生的读书经历，有不少经验很值得后学借鉴：

首先，张先生强调读书要广，知识要博，这样在治学时才不致走太窄的路。先生在谈到这方面的体会时曾说：我在长期治学过程中，深深感到门路太窄，是不能取得较大成就的。特别是在社会科学领域内，门类至繁，相互联系，所谓“牵一发而全身动”，不是一开始便单科独进所能容易取得成绩的。因为在许多专门知识的内容上，有共同性的基础知识和辅助科学，如果没有弄清楚，便容易犯常识性的错误，更谈不上深入研究。过去许多大学者，在学术研究上主张“由博返约”，就是强调对一般知识，必读书籍要掌握，然后才可从事专门性的研究。张先生认为：自从高等学校实行分科分系以来，此科不通于彼科，此系不通于彼系，疆界分明，各不相谋。但是，如果对中国历史、文学、哲学，没有做过融会贯通的工夫，没有比较全面、系统、深入的了解，没有弄清事物发生、发展、变化的总过程，即使进行某一段的专门研究，自难免片面、割裂之病。[6]

其次，读书要勤，学贵有恒。张先生强调勤奋刻苦、有恒心毅力，才能读大部头书。先生说：“余一生自少至老，未尝一日晏起。每日凌晨三时辄醒，醒则披衣即起，不稍沾恋。行之毕生，受益至大。起床后，整顿衣被几案，盥漱毕，而后伏案观书。其时万籁俱寂，神智清澈，自然事半功倍。语云，早起三朝当一工，诚不虚也。”[7]

再次，读书要勤动笔。张先生说：

书籍浩瀚，岂能尽记。故古人以撮钞之法裨助记忆……余仰慕前修，有志纂录。早岁诵诸子百家书时，分立二簿撮钞精语。……所录既广，则取之左右逢源；非但可收融会贯通之益，抑亦读书备忘之一助也。[8]

张先生读《资治通鉴》、《二十四史》、周秦诸子、《全上古三代秦汉六朝文》、《全唐文》及清代文集、笔记，都作读书札记。先生有不少著作，就是在读书札记的基础上写成的。

张先生又强调读书要联系实际，不仅要读有字书，而且还要读无字书。无字书便是万事万物之理，以及自然界和社会上的许多实际知识。读书不联系实际就会“两耳不闻窗外事”，变得迂腐和狭隘。

先生曾用自己的亲身体验来说明读无字书的重要。他早年读《说文》至麦部，有云：“秋种厚薶，故谓之麦。”最初不理解，后到湖北农村，亲眼看到秋冬之际种麦的时候，都是用锄深挖土，将种子放下，再厚厚盖上一层土。由此体味到“厚薶（埋）”的原意及许慎以薶释麦之故。读无字书可丰富自己的见闻，学到书本上学不到的知识。

中国自古以来就有读书联系实际的传统，如司马迁的《史记》，李时珍的《本草纲目》，其知识材料都不限于书本。所以张先生说：“且于书本之外，常从实事实物中穷究事理，以补其不足，夫然后胸襟开拓、眼光高远，庶可免于迂阔无用之议矣。”[9]

数十年来，张先生一直以读书、著书、教书为事，从未间断，至晚年，仍勤奋有加，毫不松懈。在他的日历上，从来没有星期天和节假日，充分体现了一个学人“学无止境”、“自强不息”的性格。先生已出版的著作有50余种，700余万字，可谓著作等身。先生在长期的科研实践中，形成了自己独树一帜的治学风格。这一风格主要体现在如下几个方面，即扎实的治学基础，科学的治学方法，高远的治学旨趣与坚定的为学信念。

张先生通识文字学，又博览群书，为治学奠定了扎实的基础。除此之外，张先生还强调写好文章，认为文章也是学问的基础之一。一个人如果不能把文章写好，甚至不能记录自己的思想，虽有学识，无由表达出来，也就谈不上做学问。1985 年春，北京大学学生学术团体学海社派代表来武汉，聘请张先生为该社顾问，并采访了张先生。先生就写好文章这一问题谈了自己的看法。他说：

文言文要学好，凡是记事的、说理的、抒情的作品都要读。特别是唐宋时代的文章，流畅有气势，多读那些文章，自己动笔才能够有生气，做到简洁、明快。老师讲文学史可以由上而下，自己读文章却要溯流而上，可从明清、唐宋入门，取其易懂易学，切不可从周秦开始。张先生又说：文言文写得好，语体文也一样能写得好。想在学问方面做出成就，不仅学问要做好，而且文章也要做得好。真正有成就的学者，他们的文章，文采都比较好。[10]

先生一生服膺乾嘉诸儒，为学道路或多或少受其影响。他从小便经常翻阅《輶轩语》和《书目答问》。《书目答问》末附清代学者《姓氏略》，开首云："由小学入经学者，其经学可信，由经学入史学者，其史学可信……"张先生说：

我对这段话深信不疑，认为做学问，应循序渐进，不可躐等，不可急躁。如果不是循序渐进，便如无源之水，无本之木，是很不可靠的。过去学者们称文字、声韵、训诂之学为小学。当我对小学稍具基础知识以后，才开始研究经学。[11]

综观先生的治学路径，可以看出其小学—经学—文献学—史学的发展路向。

在具体的治学过程中，张先生强调要有客观的态度与辩证的思想。对待历史问题，"最好实事求是地用历史观点去仔细分析，以古人之见，还之古人，而不失其真"。[12]张先生在他的著作中，注重材料准确、证据充分，正体现了这一历史的、客观的态度。

不仅如此，先生还强调要辩证地去研究问题。他在谈到撰写《中华人民通史》时说：

众所周知，有什么样的经济基础，便有什么样的上层建筑；上层建筑是经济基础的反映。所以我们在阐述事物发生、发展、变化的过程时，特别是叙述政治制度的沿革、学术思想的盛衰，必须从当时的经济基础去考虑问题。在每类中，都要说明其所以然；而不可孤立地看问题，把事物之间的联系，加以割裂。这样，才能将历史的真实，恰如其分地反映出来。[13]

张先生不仅具有雄厚的旧学根底，而且也能勇于接受新知，正因为如此，才能在由小学入经学、由经学入史学这条传统的治学道路上，运用客观、辩证的方法来解决学问中的具体问题，做出超越前人的成就来。张先生怀有高远的旨趣，在学术道路上不断向前迈进，不断开拓新的境地。

概观张先生的治学旨趣，主要有如下三个方面。

首先，张先生常常强调：要把做学问的范围推广，不可走太窄的路。他说："平生自励及所以教人者，期于淹贯博通，而不限于一曲。"[14]淹贯博通，以成通人之学，这正是张先生为学旨趣的一个重要方面。

张先生在小学上推崇许慎、钱大昕、王念孙，在经学上推崇郑玄，在史学上推崇司马迁、郑樵。中国自古就有博士之学与通儒之学，以上学者皆为通儒。先生不仅仰慕前修，而且在治学道路上，确实也走的是通博的道路。我们将先生一生迄今著作，分类排比，以见其通博之大略：

一、小 学

《广文字蒙求》

《说文解字约注》

《说文解字导读》

《说文谐声转纽谱》

《切韵增加字略例》

《声论集要》

《唐写本玉篇残卷校说文记》

《尔雅释亲答问》

《小尔雅补释》

《急就篇疏证》

《异语疏证》

《释疾》

《字义反训集证》

《演释名》

二、经 学

《郑学叙录》

《郑氏校雠学发微》

《郑氏经注释例》

《郑学传述考》

《郑雅》

《两戴礼记札疏》

三、哲学与政治学

《周秦道论发微》

《读书笺释之余》

《中论注》

《周秦诸子政论类要》

四、文 献 学

《广校雠略》

《中国文献学》

《文献学论著辑要》

《清人文集别录》

《清人笔记条辨》

《四库提要叙讲疏》

《敦煌古写本说苑残卷校勘记》

《读文札记》

《皇明经世文编选目》

《初学求书简目》

《汉书艺文志通释》

《汉书艺文志释例》

《毛诗故训传释例》

《世说新语注释例》

五、史 学

《中国历史要籍介绍》

《中国古代史籍举要》

《清代扬州学记》

《顾亭林学记》

《清儒学记》

《劳动人民创物志》

《中华人民通史》

《中国史论文集》
《史学三书平议》
《中国古代史籍校读法》
六、其 他
《讱庵学术讲论集》
《学林脞录》
《艺苑丛话》
《忆往编》

其次，张先生注重创识。

刘知几曾说史家三长：才、学、识。张先生常常对学生说：识最为重要，才是赋之于天，学是勤之于己，识为此二种之结合，最难，乃发人之所未发。司马迁能取古今事物载之一书，将来自异时异地之史料尽为我用，此其才也；理董故书雅记，取之左右逢源，其学也；前有所承，又从而自创新例，会合不同之体以成一书，其识也。古今学者如毛，成者无几，原因何在，见解者少也。张先生在他的数十种著作中，无处不体现他的探索与新见。如作《说文解字约注》，作者在旁搜博采前人材料的基础上，对《说文》每一字都提出新解说，如在《周秦道论发微》中，作者称：周秦诸子之言，起于救时之急，百家异趣，皆务为治。道论之要为百家所同宗。无为之旨，本为人君南面术而发。又如一部《中华人民通史》，作者打破王朝体系，又不循当代编史所流行的章节体，自创新例，将历史上的重要事物分地理、社会、创造、制度、学艺、人物六编，以使读者能获得全面系统的知识。

创新也体现在对待前人学说的态度上。

张先生认为治学要不囿于师说，不可拘守一先生之言。中国自古重师承、家学，学术私相传授，学人恪守师法，不敢越尺寸，造成了学术缺乏新义与朝气。先生说："学术乃天下公器，岂其人果有不传之秘，必恭顺如此而后能得其传授耶?""善学之士，贵能特立拔起。"[15]正因为如此，张先生在教学中，从不拿自己擅长的东西去硬性要求学生，所以他的硕士、博士研究生都感到视野开阔，灵思自由，得以发挥自己的专长。先生在谈到他与学生的关系时说："余自弱龄，即施教学校，迄于今六十年矣。所见后生新进以万计，而未尝以师自居。语及尝从受业者，但曰某校学生，未便称之为吾门弟子。以其知识来源，本不出于一人，吾安得而私之。终身以友相待，仍不废讲习讨论之乐，则彼此获益多矣。”[16]这里不仅体现了张先生虚怀若谷的精神，且也反映了一位老学者气象宏大的心境。

学术既是天下公器，就不应束之高阁，而应普及于公众。张先生在谈到《中华人民通史》编纂时说：“重要的是，在于能用新观点、新方法，编出一部适用工人、农民以及一般干部阅览的浅明通史，以节省读者的精力时间，于平易处取得应有的历史知识，是史学工作者责无旁贷的重任。”[17]

作为史学家，张先生曾说：

> 一个国家的人民，如果对本国的地理环境、历史演变以及制度文物、创造发明的成就、千百年来的优良传统、亿万群众中的英杰人物，茫然无知，或者早已淡忘了，便自然没有爱国思想，并且不知国之可爱者何在，更谈不上关心国家的兴亡了。[18]

因此，史学家就应该让人民了解本国历史，使其油然而生拳拳爱国之心，激励其奋起向上，努力报国的志向。这正是时代赋予史学家的使命，也是张先生多年孜孜于史学研究的旨趣所在。

在学术道路上，张先生信念坚定，自强不息。在“文革”期间，张先生成了批判的重点对象，多次受到无情的斗争。但他不忧不惧，照常进行《说文解字约注》的写作。

当时先生全家被赶到一间破旧浴室里居住，屋子低矮阴暗，上漏下湿，真是夏如蒸笼冬如冰。就是在这样恶劣的环境中，先生白天忍辱挨斗，晚上回家仍不断写书。雨天房子漏水，水又从室外灌进屋里，先生就整天穿上胶鞋工作，到 1971 年，共花了十余年时间，完成了这部 200 万字的《说文解字约注》，其中誊清全书就花了三年，写秃了几十支毛笔。可以想见，一个人如果没有坚定的为学信念，是很难做到这些的。

张先生说：中华文化，不会中折。研究者应使几千年中华民族全部光辉灿烂的文化，得以宏扬全世界，替人类作出贡献。

这是每一位中国学者的责任，这也是张先生为学的坚定信念。

二、指导阅读

1947年，张先生在兰州大学等校为文、史两系学生讲授“校雠学”与“国学概论”，受学生之请，开列《初学求书简目》[19]，先生认为：“读书以识字为先，学文以多读为本。必于二者深造有得，而后可以理解群书。”故《简目》首列“识字”、“读文”两类。

识　字

《文字蒙求》四卷，清王筠撰

《说文解字》十五卷，汉许慎撰

《说文解字注》三十卷，清段玉裁注

《说文释例》二十卷，清王筠撰

《说文古籀补》十四卷，附录一卷，清吴大澂撰

《字说》一卷，清吴大澂撰

《契文举例》二卷，孙诒让撰

《名原》二卷，孙诒让撰

以上字形

张先生认为：“然初学必须精熟《说文》，而后有分析远古文字结构之识力，所以研究金文、甲文，必在精读《说文》之后，方能有下手处。”

《广韵》五卷，宋陈彭年等

《音学辨微》一卷，《四声切韵表》一卷，清江永撰

《切韵考》六卷，《外篇》三卷，清陈澧撰

《说音》一卷，江谦撰

《古双声说》、《娘日二纽归泥说》，章炳麟撰

《音略》、《声韵略说》、《声韵通例》，黄侃撰

《文字学音篇》，钱玄同撰

《中国声韵学通论》，林尹撰

以上字音

《尔雅义疏》，清郝懿行撰

《小尔雅训纂》五卷，《附考》一卷，清宋翔凤撰

《方言笺疏》十三卷，清钱绎撰

《释名疏证补》八卷，王先谦撰

《广雅疏证》十卷、《博雅音》一卷，清王念孙撰

《释大》八篇，王念孙撰

以上字义

以上文字、声韵、训诂各书20余种，作为识字的入门书，以为阅读旧籍奠定基础。时过半个世纪的今天，大学生阅读不再以识字为先了，一些大学生阅读书目中，已不再收录《说文解字》，遑论其他小学各书。

读　文

《古文辞类纂》七十四卷，清姚鼐选编

《续古文辞类纂》三十四卷，王先谦选编

《经史百家杂钞》二十六卷，《简编》二卷，清曾国藩选

以上读文收录选本三种，另可读清代李兆洛《骈体文钞》、梁代萧统《文选》，以略窥古今文辞之变。张先生认为："初学诵习古人文辞，宜自近代始。由明清至唐宋，然后及乎汉魏六朝，以上溯周秦。庶乎由浅入深，自近及远，有自得之乐。"又说："初学但求能为明白宣畅、辞能达意之文，不必规仿词藻华丽、不切实用之文。"在这里有两点可注意。

一、张先生推崇姚、曾二家选本，今天的大学生阅读书目中均推荐《古文观止》，意趣相异。张先生说：

> 姚、曾两家选本，皆不评点文法，俾读者能自知其工妙。此是大家路数，与村塾所用选本如《古文观止》、《古文析义》、《古文笔法百篇》之类以推敲字句相尚者，迥然不同。二者相较，直有雅俗之分，学者宜知其高下也。

二、作为初学的基本读物，张先生只提读文，不提读诵诗词，即提倡文辞晓畅达意，不必规仿词藻华丽、不切实用。张先生早年即与诗词绝缘，从不作诗填词，认为推敲字句是浪费时光，不要把有用的岁月，抛到吟风咏月中去。[20]

《简目》在"识字"、"读文"之后，分经传、史籍、百家言、诗文集、综合论述五部分。

经　传

《诗三百篇》

《尚书》

《佚周书》

《左传》
《国语》
《礼记》
《大戴礼记》
《论语》
《孟子》
《周易》
《周礼》

附：研究经传必须涉览之书

《经典释文》，唐陆德明撰
《经籍纂诂》，清阮元
《十三经注疏》，阮元刻本
《清经解》，阮元辑刻；《清经解续编》，王先谦辑刻
《经学通论》、《经学历史》，皮锡瑞撰
《经学通诰》，叶德辉撰
《经学教科书》，刘师培撰
《经学略说》，章炳麟撰

史　　籍

《史记》
《汉书》
《后汉书》
《三国志》
《资治通鉴》
《文献通考》
《通鉴纪事本末》
《唐会要》、《五代会要》
《华阳国志》
《高僧传》
《畴人传》
《四朝学案》
《清代学术概论》、《中国近三百年学术史》

附：研究史学必须涉览之书

《史通》，唐刘知几
《通志总序》，宋郑樵
《文史通义》，清章学诚

《廿二史札记》，清赵翼
《廿二史考异》，清钱大昕
《十七史商榷》，清王鸣盛
《中国历史研究法》、《补编》，梁启超
《史学略说》，章炳麟
《国史要义》，柳诒徵
《中国史学概论》，朱希祖
《中国史》，王桐龄
《中华二千年史》，邓之诚
《中国通史》，吕思勉
《中国通史要略》，缪凤林
《中国文化史》，柳诒徵
《中国文化史》，陈登原

百　家　言

《管子》
《商君书》
《老子》
《庄子》
《墨子》
《晏子》
《孙子》
《荀子》
《韩非子》
《吕氏春秋》
《淮南子》
《盐铁论》
《法言》
《论衡》
《潜夫论》
《申鉴》
《中论》
《抱朴子》
《世说新语》
《颜氏家训》
《诸子卮言》，江瑔撰

《诸子通考》，孙德谦撰
《诸子考略》，姚永朴撰
《诸子学述》，罗焌撰

诗 文 集

《楚辞》
《文选》
《弘明集》
《广弘明集》
《全上古三代秦汉三国六朝文》
《全汉三国晋南北朝诗》
《东府诗集》
《杜工部集》
《元氏长庆集》
《白氏长庆集》
《韩昌黎集》
《柳河东集》
《欧阳文忠集》
《临川集》
《东坡七集》
《陆放翁全集》
《稼轩词》
《文心雕龙》
《诗品》

综合论述

《梦溪笔谈》
《容斋五笔》
《困学纪闻》
《丹铅录》
《笔乘》
《少室山房笔丛》
《五杂俎》
《广阳杂记》
《日知录》
《十驾斋养新录》
《癸巳类稿》、《癸巳存稿》

《陔余丛考》

《信摭》、《乙卯札记》、《丙辰札记》、《知非日札》、

《阅书随札》

《东塾读书记》

《无邪堂答问》

《汉书艺文志》

《隋书经籍志》

《四书全书总目提要》

《书目答问》

《尚书古文疏证》

《考信录》

《四部正讹》

《古书真伪及其年代》，梁启超撰

《国学概论》，钟泰撰

《国学概论》，王易撰

《国学概论》，钱穆撰

《简目》所录各书，作者或作版本提示，或提出书中大要，或评品得失，颇便初学。

十年之后，张先生在华中师范学院历史系讲授“中国历史要籍介绍及选读”，出版《中国历史要籍介绍》①一书，作为该课的教材。全书分十章，前两章介绍历史书籍的范围和研究中国古代史的基本书籍，其中对甲骨文献、金石刻辞亦作了阐述；以后各章分别叙述通史、断代史、政事史、制度史、方志、地理与地图、史评等方面的代表作；最后一章介绍研究中国历史的工具书、参考书与常用书籍。本书的目的，在于帮助读者了解中国历史的要籍，获得历史研究的基本知识。“文化大革命”结束后，作者对该书进行了删繁补阙，并更名为《中国古代史籍举要》。所增补的内容有断代编年体的实录、传纪的学术史、史辨书籍的代表作品、史论书籍的代表作品、史考书籍的代表作品。

1983年，张先生主持编撰《中国史学名著题解》一书，介绍我国史学名著200余种，并对史书的作者、体例、内容与版本等作了简要的阐述。强调辨章学术、考镜源流，对史籍的归类，不为过去的分类所约束，如郑樵《通志》，过去被视为典章制度书，本书入纪传体类通史。

1988 年，张舜徽先生在《汉书艺文志通释自序》中，又提到阅读汉代著述的纲要。他说：

> 余平生诱诲新进及所以自励，恒谓读汉人书，必须精熟数种以为之纲。一曰《太史公记》，二曰《淮南王书》，三曰《汉书艺文志》，四曰王充《论衡》，五曰许慎《说文》。以为不精绎《太史公记》，则无以采史学之源；不详究《淮南王书》，则无以知道论之要；不通《论衡》，则不能广智；不治《说文》，则莫由识字。又必以《汉书艺文志》溯学术之流派，明簿录之体例。精熟此五家之书以立其基，而后可以博涉广营，汇为通学。

注释：

①该书 1955 年由湖北人民出版社出版。

参考文献：

1，2　张舜徽．旧学辑存．齐鲁书社，1988：1860

3　张舜徽．说文解字约注·卷十七．中州书画社，1983

4　张舜徽．我是怎样研究、整理说文解字的．河南古籍整理，1985（1）

5　张舜徽．旧学辑存．齐鲁书社，1988：1605

6，20　张舜徽．自强不息，壮心未已．见：浙江日报编辑部．学人谈治学．杭州：浙江人民出版社，1982

7　张舜徽．爱晚庐随笔．长沙：湖南教育出版社，1991：232

8　张舜徽．爱晚庐随笔．长沙：湖南教育出版社，1991：373

9　张舜徽．爱晚庐随笔．长沙：湖南教育出版社，1991：376

10　张舜徽先生谈从事古文化研究．学海，1985（8）

11　张舜徽．自传与著述．见：《文献》杂志编辑部，《图书馆学研究》编辑部．中国当代社会科学家·第四辑．书目文献出版社，1983

12　张舜徽．顾亭林学记·序言．湖北人民出版社，1957

13　张舜徽．中国文献学．中州书画社，1982：388

14　张舜徽．旧学辑存．齐鲁书社，1988：叙目

15，16　张舜徽．爱晚庐随笔．湖南教育出版社，1991：391

17，18　张舜徽．中华人民通史·序．湖北人民出版社，1988

19　张舜徽．旧学辑存（下）．齐鲁书社，1988

原载于《文教资料》，1992 年第 5 期，收入本集有修订。

张舜徽先生的文献学成就

在张舜徽先生学术生涯中，贯穿始终的一个研究领域，即是文献学研究。在近50年间，出版了一系列文献学著作，比较重要的有《广校雠略》(1943)、《中国历史要籍介绍》(1955)、《中国古代史籍校读法》(1962)、《清人文集别录》(1963)、《中国文献学》(1982)、《清人文集条辨》(1986)、《汉书艺文志通释》(1990) 等。这些著作对20世纪后半期中国文献学的发展产生了深远的影响。特别是在古典文献学领域，他的著作构建了学科思想、方法与研究规模，并成了古典文献学研究的基本范式。

一、校雠学的总结

张舜徽早年治学，推崇郑玄、郑樵，并将书房命名为“仪二郑斋”。关于郑玄，张先生曾写有《郑学丛著》一书，以彰其学说，认为郑氏遍注群经，是个了不起的人。关于郑樵，先生晚年在回忆与余嘉锡交往时说：

> 舜徽治学蹊径，与先生（指余嘉锡）不能尽同。小子狂简，好弄柔翰。年甫三十，即属草为《广校雠略》一百篇，评骘古今，畅抒己见。与先生平日论学之旨，时有不合。先生论及校雠，不甚喜郑樵、章学诚，谓其考证粗疏，殊不足取。舜徽服膺两家，独推其识见之卓。

可见对郑樵的喜爱。1943 年，张先生仿效郑樵《通志·校雠略》之体例，写成《广校雠略》，其后在1952 年又写成《通志总序平议》[①]，在其《小序》中，作者说：

> 二千年间，论史才之雄伟，继司马迁而起者，则有郑樵，虽其所修《通志》，未能臻于预期之完善，要不可以成败论得

失也。郑氏论史要义，多在《通志·总序》。读其文，可以想见其为人，固卓荦不群，千古振奇士也。虽持论不免失之偏激，然而志量弘远矣。固非一曲之士所能测其浅深也。

张先生推崇郑樵，由此可见。

《广校雠略》一书，是张先生执教于湖南宁乡之民国大学中文系时所写。为“读书指导”课的教本，1945 年有壮议轩自刊本。自刊本流布甚稀，1962 年，作者将其交中华书局出版，新版于原书之后增加了三种附录：《汉书艺文志释例》、《毛诗故训传释例》、《世说新语注释例》。

《广校雠略》共五卷一百篇，主要讨论了以下几个问题：

（一）讨论校雠学及相关名称。虽然“文献学”的名称在 20 世纪初期就已被使用，但不普遍。比较普遍被人们接受的名称是“校雠学”。自刘向以后，郑樵有《通志·校雠略》，章学诚有《校雠通义》，到了 20 世纪前期，校雠学著作已是相当丰富了。从校雠学所讨论的范围来看，有狭、广之分。狭义的校雠学，即今日所说的校勘学；广义的校雠学，即今日所说的文献学。20 世纪出版的校雠学著作，几乎都是广义的校雠学。张先生在《广校雠略》一书中，主张的也是广义的校雠学。他说：

> 近世学者于审定书籍，约分三途：奉正史艺文、经籍志及私家簿录数部，号为目录之学；强记宋、元行格，断断于刻印早晚，号为板本之学；罗致副本，汲汲于考订文字异同，号为校勘之学。然揆之古初，实不然也。盖三者俱校雠之事，必相辅为用，其效始著。[1]

张先生本郑樵、章学诚的观点，强调目录、版本、校勘皆校雠之事，校雠学之外，不应另有目录学的存在。

然而，自清以来，学术研究日益专门与深入，至 20 世纪 30、40 年代，目录、版本、校勘及相关联的辨伪、辑佚等研究，逐步形成专门之学，正如蒋伯潜所说：“目录学已与狭义的校雠学分道扬镳，以附庸蔚成大国了。”[2]目录学之外的其他专门研究情形也大致如此，版本学、校勘学、辨伪学、辑佚学逐步形成。相反，到了 20 世纪后期，“校雠学”的名称也不常用了，被“文献学”所取代。

（二）讨论古代书籍著述的相关问题，主要包括：（1）著述体例，强调著作、编述、钞纂三者之区别；（2）著述标题；（3）关于作者；（4）称引体例；（5）序书体例；（6）注书流别。

（三）讨论古代书籍流传问题，先阐发简纸与书籍的篇卷，再谈书籍之散亡。

（四）讨论校雠学的各种方法，如目录、分类、校勘、辨伪、辑佚等。

（五）讨论汉唐宋清学术成就，其重点是放在校雠学方面的，如辨章学术始于太史公、郑玄注群经、宋代私门校书、群经新疏未必尽善等。

《广校雠略》之后，1946 年，张先生将历年所写的文献学论作 5 种合刊，在兰州出版排印本《积石丛稿》，这 5 种中的前 3 种都是关于古籍释例方面的：《汉书艺文志释例》、《毛待故训传释例》、《世纪新语释例》，旨在讨论刘歆、班固著录图书的原则，以及注经、注史的变化，可以与《广校雠略》互为表里。

二、典籍的叙录与考辨

20 世纪 50 年代，张舜徽先生出版《中国历史要籍介绍》与《中国史论文集》二书。前者是作者在历史系讲授“中国历史要籍介绍及选读”一课的讲稿，注重对基本史料与重要史籍的介绍；后者重点讨论史料运用与处理的方法。《中国历史要籍介绍》出版后，正如作者后来所说：“那时正值建国之初，诸事草创，编写这一类的书，没有可以依据的本子，只得运用新的观点，自创新例，务求简明扼要，浅近易懂。”[3] 书出版后，为不少院校所采用，流布较广，影响很大。“文革”结束之后，随着中国教育事业的恢复与发展，大学生与社会读者对“历史书籍介绍”这一类书籍的需求大为增加，此时，张先生将《中国历史要籍介绍》进行修订，更名《中国古代史籍举要》出版。修订本在原书的基础上，增加了五章：实录、学术史、史辨书籍、史论书籍、史考书籍，比原来介绍史籍的范围扩大了。几年之后，张先生又主编《中国史学名著题解》出版，这本书有两个特点：一是从“辨章学术、考镜源流”的角度，辩证地处理史籍归类问题，对传统类目有所突破；二是又一次扩大了史籍范围，除传统各类外，又收有金石甲骨考证类、笔记类、类书丛书类、文编类等。

提要、别录这一体裁是历代文献学家、藏书家研究文献的重要方式。张舜徽先生在阅读了一千一百余家清人文集的基础上撰成《清人文集别录》一书，于 1963 年出版。该书录存六百家，正如作者自己所说：“虽未足以概有清一代文集之全，然而三百年间儒林文苑之选，多在其中矣。”每篇叙录“辄好考作者行事、记书中要旨，究其论证之得失，核其学识之浅深”。“其有家学、师承或友朋讲习之益者，务令比叙，以见授受濡渐之迹”。[4]

首先是考作者行事。《清人文集别录》每篇之前均有作者生平的内容。考辨作者行事是传统叙录或提要的常规，从刘向的《别录》到《四库全书总目提要》，一脉相承。但张先生在所撰作者行事中，注重其家学、师承或交友，注重反映作者学术成长发展的脉络。如《解春集》作者冯景，张先生写道：

> 景一生好读书，所与游多当世名士，若万斯同、朱彝尊、阎若璩、毛奇龄之流，咸与往还。交阎、毛为尤密，集中与两家论学之文，质疑难、析奇义，不失为诤友。始若璩力攻伪古文《尚书》，景与桴鼓相应，集中卷八、卷九所题为《淮南子洪保》者，皆与若璩讨论伪古文《尚书》之作也。[5]

知人论事，对了解作者与认识作品皆大有裨益。

其次是记书中要旨，摘引了文集中的重要观点，举一二例：

李集《愿学斋文钞》：“尝言以经证经，汉儒家法，无不如是。自宋以后，都以臆说解经，而经亡矣。”“又尝教学者力行师张履祥，经学师顾炎武，吏治师陆陇其。”[6]

又方苞《望溪先生文集》：“言及《古文尚书》，则疑其文明畅晓，必秦汉间儒者得古文原本，若其奥涩，而稍以显易之辞更之，其大体则固经之本文。”[7]

张先生在每篇别录中，几乎都有相关摘要，以见文集作者的重要观点。

第三是评论文集得失，这里既是对文集作者学风、学术水平高下的评论，也有对文集自身的考辨。如惠栋《松崖文钞》之别录，在谈到惠栋学术的成就时，张先生说：

> 自其以一门为天地，以汉儒为宗师，笃信谨守，不知其他。耳目局隘已甚。不复广採兼收，以会通经说之全。则其学之流于膠固，亦势所必然耳。惠氏学术，所以不及戴氏沾溉之广，亦即如此。[8]

清代吴、皖两派是朴学的代表，吴派代表人物惠栋与皖派代表人物戴震相较，自有其局限。

《清人文集别录》出版后曾多次重印，流传颇广，其学术价值也得到学者的高度赞誉。文学史家刘永济曾说："不意吾家中垒（指刘向）遗风，复见今日，为之狂喜。"又说："非有渊博之学，弘通之识，不足以成此书。观其评骘学术，论而能断，即足见其有学有识也。况其文笔雅健，又非常人所能逮；今人具此根抵者甚罕，能读此书者已不多矣。"[9]史学家顾颉刚在给作者的信中也称赞说："先生所作诸书，示学者以途径。启牖之功，实在张香涛《輶轩语》、《书目答问》之上。然彼二书，对我辈之效用已极巨。先生别白是非，指明优劣，上绍向、歆之业，下则藐视纪昀之书，其发生影响之大，固不待言也。"[10]文集别录出版之后，张舜徽先生就清人笔记计划写三本书，以综论之。他说：

> 清人笔记中，复多经术湛深、考证邃密者，若李惇《群经识小》、邵晋涵《南江札记》、陈鳣《简庄疏记》、严元照《娱亲雅言》、郑献甫《愚一录》、邹汉勋《读书偶识》之类，其书甚广，余将为《群经汇解》以总会之。亦有博涉子史、校勘精审者，若卢文弨《群书拾补》、王念孙《读书杂志》、姚范《援鹑堂笔记》、何焯《义门读书记》、张文虎《舒艺室随笔》、孙诒让《札迻》之类，述造亦繁，余将为《群书集校》以综录之。[11]

以上所说的《群经汇解》与《群书集校》二书未见施行，张先生就所寓目的三百余种清人笔记，别择去取，选定一百种，加以考辨与综述，成《清人笔记考辨》一书。这本书以考辨笔记内容得失为主，间评作者学术水平的高下。

《清人文集别录》与《清人笔记条辨》二书是清代文献研究的重要著作，同时也是清代学术史研究的基础性成果。张舜徽先生另一个重要领域是清代学术史研究，[②]20世纪40年代，他在兰州执教时曾开设这方面的课程，并写有《中国近三百年学术史》初稿，其中《扬州学纪》的叙论部分刊入《积石丛稿》（1946）一书。五六十年代先后出版《顾亭林学记》与《清代扬州学记》二书，此后《清人文集别录》与《清人笔记条辨》相继问世。在此基础上，张先生于晚年对清代学术史作了一次系统的梳理与总结，出版《清儒学记》（1991）。因此可以说，清人文集与笔记的研究，是张先生清代学术史研究的重要一环。

三、注释的实践与方法

文献学理论研究往往离不开文献实践，即文献整理。文献版本、校勘、注释等整理工作，为文献学研究提供了重要的基础。张舜徽先生在文献整理方面的主要贡献是《说文解字约注》与《汉书艺文志通释》。

张先生早年就随父读文字学著作，以打好读书的基础。清人强调读书以识字为先，对张先生有较大影响。张先生自己就是循着这条路往下走的，他在早年的教学中也提倡这一方法，我们可从他1947年开列的《初学求书简目》中看得出。今天，我们从张先生的《忆往编》中，可以看到他早年阅读文字学著作的情况，其读书目可列如下：

清王筠《文字蒙求》，《说文解字句读》，《说文释例》；

汉许慎《说文解字》；

清段玉裁《说文解字注》；

清桂馥《说文解字义证》；

清严可均《说文解字校议》；

清朱骏声《说文通训定声》；

清郝懿行《尔雅义疏》。

从这个书目可以看到张先生有很好的文字学基础。1948年，张先生在王筠《文字蒙求》的基础上，写成《广文字蒙求》一书。在这部书的前言里，张先生把这部书的主题即写作目的作了说明，他说："二十岁后，又博涉金文、甲骨文，所获亦多。认为《文字蒙求》有待充实推广，俾能成为比较适用的古文字学入门之书。频年任教各大学，兼授文、史两系课，尝以文字学设教，即在此书基础上，补列了许多字，并谈到文字原流、六书义例、字书流别。又尝以为文字可以考史，举凡远古人类生活活动图影，悉保存在文字中。加以近岁涉览译本新书，对于有关人类起源、阶级分析学说，略有窥悟，用来就古文字证说远古史迹，颇有贯通之益，因就事物主题，作了浅明概略的叙述，藉以发凡起例，示初学以从入之途。"[12]这部书后来收在张先生晚年出版的《旧学辑存》之中。

在《广文字蒙求》的基础上，张舜徽先生从1961年开始为《说文解字》作注。《说文》问世以来，注家甚多，尤以清人成就为大，其中桂馥、段玉裁、王筠、朱骏声四家可为代表。张先生吸取前人的研究成果，结合近世出土的甲骨文、金文等新材料，写成《说文解字约注》一书。这部书主要特点有三：一是广泛吸取前人研究成果。前人注文、各种典籍相关者、新出土的文献等，均广收博采，存其精义；二是阐明字义，遵循双声相衍之理。作者认为："声在文之先，意在声之先，有是意而后有是声，有是声而后为文以象之。故凡发音部位相同之字，其义多相同或相近。"[13]三是每字之下都有注者的按语，以抒发注者的见解，或补申《说文》中的疑义、阙义，或订正前人的附会和错误。

《说文解字约注》全书二百余万字，作者前后花了十年时间写成。写作后期，正值"文化大革命"，作者白天忍辱接受批斗，晚上仍回家写书。当时作者全家被赶到一破旧浴室去住，上漏下湿，处境至为艰难，但这并未动摇作者写作的信心。在那个时期，中国知识分子经受着一场史无前例的考验：或吹牛拍马、趋炎附势；或随波逐流，自暴自弃。张先生本着一个纯正知识分子的良知，相信中国文化不会中折，故能不为外物所动，坚持不懈，完成这部大书。

张先生晚年，在文献整理上的又一重要工作，是为《汉书艺文志》所作的通释。《说文解字》是读书的基础，《汉书艺文志》则为治学的纲领。故张先生自少好读是书，常置案头，时加笺记。直到晚年，重温是书，复有笺记，以成《汉书艺文志通释》（以下简称《通释》）一书。

《汉书·艺文志》为班固《汉书》十志之一，是班固根据刘歆的《七略》删拾其要而成的。由于《七略》一书早佚，所以该目更受学者所重。它是我国现存最早最完整的一部图书目录，也是第一部史志目录，对后世图书的分类、目录的编制及文献学研究，均具有深远的影响。这部目录将东汉前中国人的知识和学问作了一次系统的总结，为后人辨章学术源流、考镜图书嬗变，提供了可靠的依据。

因此，自唐代始，学者们就十分重视对《汉书·艺文志》的整理和研究。唐颜师古注《汉书》，于《艺文志》的注释简括可靠，为后人研读提供了基础。宋王应麟的《汉书艺文志考证》为最早的《汉书·艺文志》研究性专著。其后有王仁俊《汉书艺文志校补》，姚振宗《汉书艺文志条理》、《汉书艺文志拾补》，刘光蕡《前汉艺文志注》，以上为清人的研究成果。近人研究《汉书·艺文志》的成果有瞿润缗《汉书艺文志疏证》、姚明辉《汉书艺文志注解》、顾实《汉书艺文志讲疏》、李笠《汉书艺文志汇注笺释》、李赓芸《汉书艺文志考误》、余嘉锡《汉书艺文志索引》、许本裕《汉书艺文志笺》、孙德谦《汉书艺文志举例》、叶长青《汉书艺文志问答》等。1983 年中华书局出版的陈国庆《汉书艺文志注释汇编》，是近年《汉书·艺文志》最新的研究成果。至于在论著中论及《汉书·艺文志》的及报刊上的有关论文，那更是不胜枚举。

在通释之前，张先生早年曾作有《汉书艺文志释例》，从甄审、著录、叙次、标题、注记五个方面，分析《七略》与《汉书·艺文志》的异同，总结出了《汉书·艺文志》的某些义例。今《通释》则是全面疏证《汉书·艺文志》，旁征博引而建树颇多，可谓是张先生晚年的又一力作。

《通释》一书，张先生在《自序》中就其内容作了说明，他说："凡前人之说有可取者，悉甄采之，句读之有误者正之，史证之偶疏者补之，亦间附论说以评断之。"

首先，《通释》对前人的研究成果加以甄采。如《汉书·艺文志》诸子略儒家类著录的《周史六弢》一书之下，就采录了颜师古、沈涛、姚振宗三家之说；《王孙子》书下采录了严可均、马国翰二家之说。这一方法即传统的"集注"，广采前人之说，保存并集中了丰富的材料，颇便读者。

其次，《通释》对句读有误者加以订正。句读和标点是对原文理解的第一步，不同的句读和标点往往会形成对原文的不同的理解，不正确的句读和标点就会造成对原文理解的错误。《通释》对《汉书·艺文志》的句读和标点极为审慎，有些地方纠正了目前一些通行本的错误。如《汉书·艺文志》六艺略春秋类"春秋古经十二篇"。有书标点为"《春秋古经》十二篇"。《通释》标点为"《春秋》古经十二篇"。后者标点比较符合实际情况。

第三，史证之偶疏者补之。如《国语》与《左传》二书，司马迁、班固都认为是左丘明所作。张先生认为："两书断限不齐，详略又异；所载史实，多有不合；甚至同记一事，而互有牴牾。从文体看，复不相类，其非出自一手，昭然易辨。"又，《孙子兵法》十三篇传世，后人多认为此书为曹操所重编。张先生以新出土的材料证明，曹操重编之说是没有根据的。

第四，间附论说以评断之。《通释》一书评断的内容非常广泛，多出作者己见。有对一书作者的确定，如《世本》，张先生认为此书是战国史官所辑，经秦汉时人整理成编。有对前说的评论，如《汉书·艺文志》孝经类有《尔雅》、《古今字》二书，章学诚认为此二书不当入孝经类。张先生认为："汉人恒以《孝经》为五经之总会，故凡涉及诸经通训、经字异同之书，悉附列于此。章说失之。"图书的归类，不能不受时人学术的制约，后人不当以己见论之。张先生从汉人的立场看《尔雅》等书的归类，这正是一种解释古书的重要原则，即客观地历史地看问题。评断还涉及一书的注本或版本，如《尔雅》，前人注疏有郭璞、邢昺、邵晋涵、郝懿行四家，张先生认为后两家注本较好。这些评断对后学有裨益。

采、正、补、评断，构成了《通释》一书的基本内容，张先生以此四步骤向我们展示了解释古书的重要方法：首先要占有丰富的材料，广泛吸收前人可取的研究成果，以广见闻，为立论提供基础。也只有这样，后学才能超前人，才能有新建树。这是第一步。解释古书必须要有正确的断句与标点，这样才能有正确的理解。这是第二步。对前人的疏漏与错误加以订正，以正视听。这是第三步。在上三步的基础上，再作自己的评断，而这种评断不应武断和臆测，而应持一客观的历史的原则，只有这样才能公允评断而不曲古人之义。这是第四步。这一方法不仅对解释古书适用，对研究古代文化的其他领域，也给我们多有启发。

四、文献学的建立

作为一个传统学者，张先生有关文献学的见解与观点主要散见于他的文献学著作中。“文革”结束后，文献学教育与研究逐步受到重视，文献整理工作开展得也较普遍，在这种时代需求之下，张先生将他的文献学理论进行了一次系统总结，并写成《中国文献学》一书。这部书构建了文献学研究的基本框架，包括：（一）文献学理论探讨，（二）文献研究；（三）文献整理研究；（四）文献学史的总结。

（一）文献学理论的探讨，张先生主要集中在文献学要承担如何的时代使命？20 世纪初，梁启超提出文献学，即广义的史学，也就是说，文献学是史学研究的基础。张先生秉承这一学术观点，进而讨论文献学的任务，他提出两个阶段，第一阶段是文献整理，说：

> 我国古代，无所谓文献学，而有从事于研究、整理历史文献的学者，在过去称之为校雠学家。所以校雠学无异成了文献学的别名。凡是有关整理、编纂、注释古典文献的工作，都由校雠学家担负了起来。[14]

在这里，张先生认为，校雠学与文献学，实同而名异。20世纪40年代，《广校雠略》已讨论了校雠学的基本内容，40年以后，先生著《中国文献学》本于《广校雠略》，而内容则有较大的拓展，这或许正是时代之需而使其然也。至于文献学的任务，张先生说：

> 我们今天，自然要很好地继承过去校雠学家们的方法和经验，对那些保存下来了的和已经发现了的图书、资料（包括甲骨、金石、竹简、帛书），进行整理、编纂、注释工作。使杂乱的资料条理化、系统化；古奥的文字通俗化、明朗化。并且进一步去粗取精，去伪存真，条别源流、甄论得失，替研究工作者们提供方便，节省时间，在研究 、整理历史文献方面，作出有益的贡献，这是文献学的基本要求和任务。[15]

文献整理是文献学基本任务。在张先生看来，文献学的主要任务是在文献整理的基础上，“去粗取精，删繁就简，创立新的体例，运用新的观点，编述为有系统、有剪裁的总结性的较全面的、完整的《中华通史》”[16]，以使人们了解中国悠久的文化，油然而生爱国之心。从现在来看，这个任务已超越了文献学家的职责，应该由历史学家来承担。但是在过去，文献学与史学密不可分，因此可以说，这一观点正是“文献学是广义的史学”的一个重要解说。

（二）文献研究。《中国文献学》详细讨论了古代文献的材料（甲骨、金石、缣帛和纸），古代文献的散亡，古代文献的著述方式与体例，写作的模仿、伪托、类辑等。在《广校雠略》中，作者也涉及这些问题，但《中国文献学》在这方面更加系统而全面。

（三）文献整理。《中国文献学》首先讨论了版本、校勘、目录，这三者是过去校雠学的核心内容。校雠学之所以改称文献学，这不仅是时代变化而带来名称的更变，同时也是内容的拓展。在版本、校勘、目录三者之外，张先生又提出文献整理的六种方法：钞写、注解、翻译、考证、辨伪、辑佚。方法之外，张先生提出今后整理文献的主要任务。他提出了几个方面：一是甄录古代遗文；二是改造二十四史；三是整理地方志书；

四是融贯诸子百家。

（四）文献学史的总结。在《中国文献学》中，作者以较大的篇幅总结了前人整理文献的成果和历代文献学家在整理文献方面的成就。

《中国文献学》出版后，对文献学教育、研究和文献整理工作都具有相当重要的意义。首先，在文献学教育方面，这部书作为教材，在很多大专院校被广泛采用。在这部书出版的同时，张先生还选编了一本《文献学论著辑要》，先作内部印本，后增补出版，选择中国历代学者关于文献学的论著 120 篇，以供教学参考之用。其次，20 世纪 80 年代，文献整理工作有较快的发展，大批古籍被整理出版。然而，古籍整理的人才比较缺乏，特别是一批中青年古籍工作者，没有经过系统训练，他们一边干一边学，这部书成为他们工作中的重要参考读物。第三，在文献学研究上，这部书的出版起到了标志性的作用，它标志了中国文献学的最后确立，其文献学理论、文献本体、文献整理方法及文献学史四个方面的构成，对今后文献学的发展起到了规范性的作用。在此后的时间里，文献学著作、教材不断出版，这些书或多或少地都受到《中国文献学》的影响。

注释：

①《通志总序平议》与《史通平议》、《文史通义平议》三种合编成《史学三书平议》，1983 年由中华书局出版。

②华中师范大学博士生刘筱红以《张舜徽与清代学术史研究》为题所作的博士学位论文，系统讨论了张先生在清代学术史上的研究成就。该书 2001 年由华中师范大学出版社出版。

参考文献：

1　张舜徽．广校雠略．中华书局，1963：1
2　蒋伯潜．校雠目录学纂要．正中书局，1944
3　张舜徽．中国史学名著题解·前言．中国青年出版社，1984
4　张舜徽．清人文集别录·自序．中华书局，1963
5　张舜徽．清人文集别录．中华书局，1963：93
6　张舜徽．清人文集别录．中华书局，1963：182
7　张舜徽．清人文集别录．中华书局，1963：105
8　张舜徽．清人文集别录．中华书局，1963：143
9　张舜徽．旧学辑存．齐鲁书社，1988：1946

10　张舜徽．讱庵学术讲论集．岳麓书社，1992：406
11　张舜徽．清人笔记条辨·自序．中华书局，1986
12　《广文字蒙求》前言．见：张舜徽．旧学辑存．齐鲁书社，1988
13　张舜徽．中国文献学．中州书画社，1982：4
14　张舜徽．说文解字约注·自序．中州书画社，1983
15，16　张舜徽．中国文献学．中州书画社，1982：5

原载于《图书与情报》，2003 年第 4 期

张舜徽著述提要

说明：此目录按著述出版时间先后排列，只收专著，不收刊发报刊上的论文和文章，这些论文和文章大多已由作者结集成书。作者对自己主编的书，称“非己著作”，但编者不忍割弃，故附列于本目之后。先生去世后，其著作有再编者，亦附列于此。

《广校雠略》（附释例3种）

1945年壮议轩自刊本，中华书局1963年出版。10万字。

全书5卷19论100篇，分别为校雠学名义及封域论、著述体例论、著述标题论、作者姓字标题论、补题作者姓字论、援引古书标题论、序书体例论、注书流别论、书籍传布论、校书方法论、清代校勘家得失论、审定伪书论、汉唐宋清学术论。

附释例三种：

（1）《汉书艺文志释例》曾刊入《积石丛稿》（1946年兰州排印本），讨论《汉志》中甄审、著录、叙次、标题、注记等问题。

（2）《毛诗故训传释例》曾刊入《积石丛稿》，旨在究经注之原。

（3）《世说新语注释例》1943年作，分校释、阐述、论事、品人、纠谬、阙疑六篇，以穷史注之变。

《积石丛稿》

1946年兰州排印本。

收书5种：《汉书艺文志释例》

《毛诗故训传释例》

《世说新语注释例》

《扬州学记》

《敦煌古写本说苑残卷校勘记》

《中国历史要籍介绍》

湖北人民出版社 1955 年版，14 万字。

全书分十章，前两章介绍历史书籍的范围和研究中国古代史的基本书籍，其中对甲骨文字、金石刻辞亦作了阐述；以后各章分别叙述通史、断代史、政事史、制度史、方志、地理与地图、史评等；最后一章介绍研究中国历史的工具书、参考书与常用书籍。

《中国史论文集》

湖北人民出版社 1956 年版，17 万字。

本书包括论文 10 篇，附存讨论史学的信札 10 通。论文主要讨论实行汉字简化的必要与可行、史料运用、罗振玉整理文化遗产、王国维治学的方法与态度等问题，中心论题集中在研究历史的方法以及史料的处理。与《中国历史要籍介绍》可称姊妹篇。

《顾亭林学记》

湖北人民出版社 1957 年版，7 万字。

本书分综述与分论两部分，综述介绍顾亭林（炎武）的身世、著作、学术趋向与渊源、治学精神、治学态度与方法、顾氏年表；分论介绍顾氏在小学、经学、史学、理学、词章、经济方面的成就。书后附记顾氏生平论学取友的一斑。

《中国古代史籍校读法》

中华书局上海编辑所 1962 年版，上海古籍出版社 1980 年版，19 万字。

全书共四编，分通论，分论上、下，附论。通论讨论校读古代史籍的基本条件，内容包括识字、辨明句读、分析篇章、钻研传注、熟悉古书的流别、部类、传播与版本；分论上讨论校书，阐述校书的意义、依据、校书应注意的问题及校书的方法；分论下讨论读书，要求了解古人写作中的一般现象、认识古人著述体要，怎样阅读全史及整理史料的一般方法；附论讨论辨伪与辑佚。

《清代扬州学记》

上海人民出版社1962年版，14万字。

本书旨在阐述清代扬州学者在学术研究方面的主要成就和治学方法，分八章。首章“叙论”概括地说明扬州学派产生的时代背景及特点，以后各章分别叙述王懋竑、王念孙（附王引之）、汪中、焦循（附焦廷琥）、阮元、刘文淇（附刘毓崧、刘寿曾）、刘师培，主要介绍他们的生平与著述、治学思想、方法与成就。最后附录清代扬州学者年表。

《清人文集别录》（上、下册）

中华书局1963年版，47万字。

全书收清人文集600家，以儒林、文苑中人物为多，编为24卷，略依时世先后定次第。每一文集，首列书名卷数、版刻年代，次为内容提要，叙述作者生平著述、学术成就和思想活动，不仅介绍文集的主要内容，间或涉及编写体例，而且还指明有价值的部分。

《中国古代史籍举要》

湖北人民出版社1980年版，15万字。

本书是由《中国历史要籍介绍》删繁补阙而成，所增补的内容有断代编年体的实录、传记体的学术史、史辨书籍的代表作品、史论书籍的代表作品、史考书籍的代表作品。

《周秦道论发微》

中华书局1982年版，18万字。

本书是作者多年研究周秦道论的心得记录，包括叙录、道论通说一卷、道论足徵记一卷、老子疏证二卷、管子四篇（心术上、下、白心、内业）四卷，太史公论六家要指述义一卷。

作者称：周秦诸子之言，起于救时之急，百家异趣，皆务为治。道论之要为百家所同宗。无为之旨，本为人君南面术而发。

《中国文献学》

中州书画社 1982 年版，台北木绎出版 1988 年版，27 万字。

本书为 12 编、60 章，除论述文献学的范围、任务及古代文献的材料、散亡、著述类别外，对版本、校勘、目录、钞写、注解、翻译、考证、辨伪、辑佚等有关整理文献的基本知识与工作，论述尤为详明。前人整理文献的丰硕成果，历代校雠学家整理文献的辉煌业绩，书中都作了总结性的介绍。最后两编，对今后整理文献的工作指出了努力的途径，提出了具体的设想。

《史学三书平议》

中华书局 1983 年版，13 万字。

本书对《史通》、《通志·总序》、《文史通义》的内容加以考评，间附作者的评论。

《说文解字约注》（上、中、下）

中州书画社 1983 年版。

作者自少而好治说文之学，直至五十岁时方专心于此书的写作，书成后，又亲自毛笔手抄完毕，共历时十载而成。所谓约注，取义有三：一为约取前人研究成果中比较精邃的见解，参以己见为之定论；二为考证力求简约，避免烦琐；三为阐明字义，约之以双声之理。作者远师许慎、郑玄，近宗钱大昕、王念孙，所以在整理《说文》时，悉循双声进行诠释。作者坚持沿声求义这一原则，以此通贯全书，并认为形虽万殊，语归一本，推究语原，必沿声以求义。《说文》9000 余字，每字之下，都有著者按语。以见著者的见解。

《郑学丛著》

齐鲁书社 1984 年版，27 万字。

本书专为总结郑玄的学术成就，由下列六种合刊而成：

(1)《郑学叙录》叙述郑氏生平、郑氏注述的文化背景及对郑氏注述的新评价。

(2)《郑氏校雠学发微》阐发郑氏校雠学，内容有辨章六艺、注述旧典、条理礼书、叙次篇目、广罗异本、择善而从、博综众说、求同存异、考辨遗编、校正错简、补脱订讹、审音定字。

(3)《郑氏经注释例》依据郑氏经注，勾稽其义例而通释之。

(4)《郑氏传述考》依史传群书，上自郑氏及门弟子，下逮历代之治郑学而卓然有成者，择其要而叙之。

(5)《郑雅》依《尔雅》部类，类辑郑氏注文而成。

(6)《演释名》依郑氏声训之理，效《释名》之体，以究万物得名之原。

《中国古代劳动人民创物志》

华中工学院出版社 1984 年版，22 万字。

本书写成于 1956 年，主要总结我国古代劳动人民集体创造的成就，内容包括农业生产、天文、历法、数学、度量衡、指南针、火药、饮食、建筑、衣饰、交通、陶瓷、冶铸、造纸、艺术、水利、健身、医药、文字、文学、书籍等。

《清人笔记条辨》

中华书局 1986 年版，29 万字。

本书收清人笔记 100 种，厘为 10 卷，略依时世先后而次第之。凡有辨章学术、考论经籍者，有证说名物制度者，有订正文字音义者，有品定文艺高下者，有阐述养性方术者，均加收录。每一笔记，则先列其书名、卷次、版本，然后介绍作者生平、著述及学术主张，凡遇精义美言，则为之引申发明；或有谬说曲解，则为之考定驳正。

《旧学辑存》（上、中、下）

齐鲁书社 1988 年版，94 万字。

本书辑存作者四十岁以前之撰述20种，附存一种为作者晚年追忆往事之作。现分述如下：

《广文字蒙求》1948年作。用六书分类法，说明古代文字发生、发展、变化的情况，并从古文字中探索远古史实。

《说文谐声转纽谱》1941年作。以36字母为经，将《说文》形声字依声系联并作比类，以见其转变之迹。

《切韵增加字略例》

《声说集要》1941年作。撮录清以来20家有关论声韵之精语，每家之后附有按语以述己见。

《唐写本玉篇残卷校说文记》1942年作。用唐写本《玉篇》残卷校《说文》，凡所订正，三百三十余事。

《尔雅释亲答问》1946年作。以问答形式，将雅俗称谓，参究经史，一一考订。

《小尔雅补释》1942年作。对《小尔雅》诸家疏证所未备者，加以疏释。

《急就篇疏记》1941年作。或揭示《急就篇》的义例，或订正旧注的差舛。

《异语疏证》1938年作。疏证清钱坫《异语》，或正传写之讹，或据群疏通之，或正失误，共19篇。

《释疾》1939年作。以自述自注形式，对古今疾病之名，取证经史，一一铨次。

《字义反训集证》1945年作。字义反训为训诂学一大特例，此书博稽群典，以扩充字义反训的义证。

《两戴礼记札疏》1943年作。

《读书笺释之余》收《周书小笺》与《墨子小笺》二种，分别写于1946年和1949年。

《周秦诸子政论类要》1946年作。择取周秦诸子政治理论中的精要论述，分为三编，上编为周秦诸子政论之总精神，中编为周秦诸子论法，下编为周秦诸子论政。原文之后，各标出处，并对字句难明处，加以诠释。

《敦煌古写本说苑残卷校勘记》1946年作。此残卷为《说苑·反质篇》之大部。

《中论注》1946年作。为东汉徐干《中论》作注。

《读文札记》1944年作。读《全上古三代秦汉三国六朝文》与《全唐文》的心得札记。

《皇明经世文编选目》1947年作。此目是择取《皇明经世文编》议论精辟者302篇，分为12类：礼乐、兵刑、教化、学术、治道、将略、财赋、铨选、经略、水利、边防、御侮，每篇目下各注明原书卷数，以便检索。

《四库提要叙讲疏》1947年作。本书取《四库提要》叙加以申发，并采史传及前人旧说藉资说明，间附作者心得。

《初学求书简目》1947年作。书目分识字与读书两大类。撰者称：读书以识字为先，学文以多读为本。

《忆往编》1981年作。首为《庭闱受学记》、次为《家世见闻述》、以《湘贤亲炙录》殿后。此三者，皆与作者早岁治学相关，故附《旧学辑存》之后。

《中华人民通史》（上、中、下）

湖北人民出版社1988、1989年版，107万字。

全书以地理、社会、创造、制度、学艺、人物六编统领，各编分别将这六个方面作系统叙述，在通史体裁上作了有意义的尝试。作者强调人民创造历史，尤为注重少数民族与妇女在中国历史上的作用，体现了人民性及以人民为历史主人的宗旨。语言简明，适宜一般读者阅读。本书曾获第四届“中国图书奖”（1990年度）一等奖。

《说文解字导读》

巴蜀书社1990年版，6万字。

介绍了《说文》之学的源流与功用，《说文》的版本、字数、解说与部首，并重点阐述“用分类的方法去研究《说文》”与“循双声的原理去贯穿《说文》”这两个问题，最后介绍研究《说文》的重要书籍。

《汉书艺文志通释》

湖北教育出版社1990年版，20万字。

内容有四：前人之说有可取者，悉甄采之；句读之有误者正之；史证之偶疏补之；间附论说以评断之。

《爱晚庐随笔》

湖南教育出版社 1991 年版，40 万字。

本书由《学林脞录》与《艺苑丛话》二书合刊而成。前者 16 卷，主要谈学者、学术、典籍等掌故；后者论艺术，分品书画、评工艺、论图书、谈武术四门。

《清儒学记》

齐鲁书社 1991 年版，27 万字。

收学记 10 篇：顾炎武学记、张履祥学记、颜李学记、戴震学记、钱大昕学记、浙东学记、湖南学记、扬州学记、常州学记、孙诒让学记。

《讱庵学术讲论集》

岳麓书社 1992 年版，59 万字。

收作者所作学术报告及平日论学文字，如专篇论著、群书序跋、友朋书札以及论学问答之语。

《中国史学名著题解》

张舜徽主编，中国青年出版社 1984 年版，27 万字。

介绍我国史学名著 200 余种，将其分为古史、编年、纪传、纪事本末、实录、制度史、学术史、传记、地理与方志、杂史、史评与史论、史考、金石与甲骨考证、历史研究法、笔记、类书与丛书、文编、书目、表谱、索引与辞典等 20 类，介绍史书的作者、体例、内容与版本等。主编对史籍的归类、强调辨章学术、考镜源流，不为过去的分类约束，如郑樵《通志》，过去被视为典章制度书，本书入纪传类通史。

《中国史学家传》

张舜徽主编，辽宁人民出版社 1984 年版，26 万字。

介绍我国历代史学家91人，内容侧重对史学家生平、成就及学术地位的阐述。

《文献学论著辑要》

张舜徽选编，陕西人民出版社1985年版，35万字。

选录有关文献学之专著、论文、笔记、书札120目。所选文章有节录，有全录，着重在阐明学术渊源、书籍流别，以及有关目录、校勘、金石、甲骨、辨伪、辑佚、避讳等方面的基础知识。书后列各文作者简介，为选编者所撰。

《中国古代学者百人传》

张舜徽主编，中国青年出版社1986年版，29万字。

介绍古代学者100人，分别阐扬其学术成就、治学方法以及成才之道。

《二十五史三编》

张舜徽主编，岳麓书社1994年版，2000万字。

该书仿《二十五史补编》之例，搜罗之未刊稿与稀见书，凡150余种。

《张舜徽学术论著选》

张君和选编，华中师范大学出版社1997年版，51万字。

该书为桂岳书系之一，是作者去世后由其后人将部分论文、序跋、演讲辞汇集而成。书后收作者自传、小传、著作目录。

《经典名言》

张舜徽选编，周国林译注，岳麓书社1997年版，31万字。

该书又名《经传诸子语选》，该书为选编者从先秦诸子及六艺经传诸书中撮录善言精语而成，并按内容分修己、治人两编。

《张舜徽学术文化随笔》

周国林编，中国青年出版社2001年版。

该书分八篇，选其学术短论，内容涉及经、史、子、集、文献学等基本知识，以及作者的自学方法与经历等。

《张舜徽集》（第一、二辑）

华中师范大学出版社2004年至2005年出版。

第一辑包括以下七种：

①《中国文献学》

②《清人文集别录》

③《清人笔记条辨》

④《汉书艺文志通释》

⑤《广校雠略》

⑥《中国古代史籍举要》

⑦《中国古代史籍校读法》

第二辑包括以下七种：

①《清代扬州学记》

②《顾亭林学记》

③《清儒学记》

④《周秦道论发微》

⑤《史学三书平议》

⑥《郑学丛著》

⑦《爱晚庐随笔》

原载于《文教资料》，1992年第5期，收入本集有修订。

略论 20 世纪中国文献学家

在中国，文献学研究历史悠久，渊远流长，涌现了一大批文献学学者，张家璠、阎崇东曾主编《中国古代文献学家研究》（广西师范大学出版社 1996 年版）一书，对这些学者的生平与成就作了初步的总结，但此书收录仅限于古代。进入 20 世纪，文献学的蓬勃发展，文献学者更是人才辈出，这两者是相辅而相成。

20 世纪中国文献学者群体的出现，他们延续着传统文献学研究的路径，做着目录、版本、校勘、辨伪、注释等工作，但在新时代又体现出新的特征，我想这与 20 世纪社会、思潮与文献变迁有着密切的关系。

首先，19 世纪末到 20 世纪，中国一大批新发现的文献，如甲骨文献、汉晋简策、敦煌遗书、大内文档等，开始进入学者们的研究视野，这也为文献学者的研究提供了新的条件与新的课题。在此背景下，不少文献学家都做出了突出的成就，如王国维、陈垣、王重民等。正如王国维在《古史新证》中所说：

> 吾辈生于今日，幸于纸上之材料外，更得地下之新材料。由此种材料，我辈固得据以补正纸上之材料，亦得证明古书之某部分全为实录，即百家不雅训之言，亦不无表示一面之事实。此二重证据法惟在今日始得为之。[1]

“地下之新材料”为文献学者探讨古代文献的发展、古文献的形制及补证古籍等，提供了必要的条件。不少学者在这方面已多有论述。

其次，19 世纪后期到 20 世纪前期这一百年间，内忧外患，中国新发现的文献大量流失国外，就是那些传承已久的典籍也有不少或毁于战火，或沦于佚亡。因而文献的收集、整理、影印等，就成了文献学者的一项重要的工作。在海外访书方面，董康、张元济、傅增湘、王重民、向达、郑振铎、孙楷第等人都作出了不同程度的贡献。在古籍收集影印方面，罗振玉、叶德辉、陶湘、瞿启甲、刘承幹等都有不少成就。尤以张元济为代表的商务印书馆，在这方面更是成就辉煌。一大批古籍被影印面世，如《学海类编》、《学津讨原》、《道藏》、《汉魏丛书》、《说郛》、《国立北平图书馆善本丛书》、《元明善本丛书》，尤受学界所重的是《四部丛刊》与《百衲本二十四史》。张元济等人在《四部丛刊启》中说明了影印之目的，他说：

> 自咸同以来，神洲几经多故，旧籍日就沦亡，盖求书之难，国学之微，未有甚于此时者也。[2]

正因为如此，文献学者们的工作就不仅具有学术上的意义，同时更具有一种时代的使命感。

第三，在新文化运动与“五四”运动中，孔子与儒学受到猛烈抨击。蔡元培提倡“兼容并包”，一批学者，包括新文化运动的主将胡适，一面主张“输入学理”，一面主张“整理国故”。当然胡适的“整理国故”是为了“再造文明”。[3]不少文献学者认为，从事文献的整理与研究，是传承中国传统文化的重要途径。文献学家郑鹤声说：

> 顾自晚清以来，国势削弱，兵力之不竞，致疑文化之堕落，学士大夫，群以科学救国相提倡，几有废绝线装书之论，以吾国固有文献，为腐败物质之渊薮，非廓而清之不为功。……然求其立国根源，仍不得不求之于本国之文献。[4]

这是不少文献学者从事文献学研究的目的之一。

根据我的了解与认识，我把20世纪文献学者群体中重要的文献学家（限已故者）之生卒年、籍贯及文献学代表作列表如下：

20世纪重要文献学家简表（按生年排）

序号	姓名	生年	卒年	籍贯	文献学代表作
1	李盛铎	1859	1934	江西德化	《木樨轩藏书题记及书录》
2	叶德辉	1864	1927	湖南长沙	《书林清话》

3	张元济	1866	1959	浙江海盐	《校史随笔》
4	董　康	1867	1947	江苏武进	《书舶庸谭》
5	傅增湘	1872	1950	四川江安	《藏园群书题记》
6	孙德谦	1873	1935	江苏苏州	《刘向校雠学纂微》
7	梁启超	1873	1929	广东新会	《古书真伪及其年代》
8	伦　明	1875	1944	广东东莞	《辛亥以来藏书纪事诗》
9	张国淦	1876	1959	湖北蒲圻	《中国古方志考》
10	王国维	1877	1927	浙江海宁	《观堂集林》
11	朱希祖	1879	1944	浙江海盐	《明季史籍题跋》
12	胡朴安	1879	1947	安徽泾县	《校雠学》
13	柳诒徵	1880	1956	江苏镇江	《中国版本概论》
14	陈　垣	1880	1971	广东新会	《校勘学释例》
15	余嘉锡	1884	1955	湖南常德	《四库提要辨证》
16	钱基博	1887	1957	江苏无锡	《版本通义》
17	汪辟疆	1887	1966	江西彭泽	《目录学研究》
18	蒋伯潜	1892	1956	浙江富阳	《校雠目录学纂要》
19	孙殿起	1894	1958	河北冀县	《贩书偶记》
20	王献唐	1897	1960	山东日照	《国史金石志》
21	张心澂	1896	1988	广西永福	《伪书通考》
22	郑振铎	1898	1958	浙江永嘉	《西谛书话》
23	杜定友	1898	1967	广东南海	《校雠新义》
24	孙楷第	1898	1986	河北沧县	《中国通俗小说书目》
25	范希曾	1899	1930	江苏淮阴	《书目答问补证》
26	向　达	1900	1966	湖南溆浦	《唐代刊书考》
27	陈登原	1900	1975	浙江余姚	《古今典籍聚散考》
28	郑鹤声	1901	1989	浙江诸暨	《中国文献学概要》
29	王欣夫	1901	1966	浙江秀水	《文献学讲义》
30	谢国桢	1901	1982	河南安阳	《晚明史籍考》
31	王重民	1903	1975	河北高阳	《中国善本书提要》
32	姚名达	1904	1942	江西兴国	《中国目录学史》
33	顾廷龙	1904	1998	江苏苏州	《顾廷龙文集》
34	郭伯恭	1905	1952	河南镇平	《四库全书纂修考》
35	赵万里	1905	1980	浙江海宁	《中国版刻图录》
36	张舜徽	1911	1992	湖南沅江	《中国文献学》
37	杨家骆	1912	1991	江苏南京	《四库大辞典》
38	程千帆	1913	2000	湖南宁乡	《校雠广义》
39	冀淑英	1920	2001	北　京	《冀淑英文集》
40	吴　枫	1926	2001	辽宁兴城	《中国古典文献学》

以上这40位文献学家，分析其学术背景，大致有以下几类。

一、传统的藏书家或图书馆专家。藏书家如李盛铎、叶德辉、张元济、董康、傅增湘、伦明、朱希祖、郑振铎、王欣夫、杨家骆等；在图书馆工作或曾在图书馆工作过的文献学家如胡朴安、柳诒徵、蒋伯潜、王献唐、杜定友、孙楷第、范希曾、向达、陈登原、谢国桢、王重民、顾廷龙、赵万里、冀淑英等。李盛铎的《木樨轩藏书题记及书录》、傅增湘的《藏园群书题记》、朱希祖的《明季史籍题跋》、王献唐的《国史金石志》、孙楷第的《中国通俗小说书目》、范希曾的《书目答问补证》、谢国桢的《晚明史籍考》、王重民的《中国善本书提要》及《补编》等，都是相当重要的书目及提要。张元济的《校史随笔》、柳诒徵的《中国版本概论》、赵万里《中国版刻图录》等，都是很重要的校勘、版本学著作。他们有条件接触大量文献典籍，其成就偏重于目录、提要、版本及文献收集、编纂诸端，实践性强，具有很高的实用价值，体现了传统文献学的延续性。

二、以教学、研究为主的文献学家，如孙德谦、梁启超、张国淦、王国维、陈垣、余嘉锡、钱基博、汪辟疆、张心澂、郑鹤声、姚名达、郭伯恭、张舜徽、程千帆、吴枫等。张国淦的《中国古方志考》、王国维《观堂集林》中的一些文献学论著、余嘉锡的《四库提要辨证》、张心澂的《伪书通考》、郭伯恭的《四库全书纂修考》等，偏重文献考证；梁启超的《古书真伪及其年代》、王欣夫的《文献学讲义》、张舜徽的《中国文献学》、吴枫的《中国古典文献学》等，均应教学之需所作的讲义或教材，偏重理论与方法的概括。

参考文献：

1 干春松，孟彦弘．王国维学术经典集．江西人民出版社，1997：126

2 张静庐．中国现代出版史料·甲编．中华书局，1954：351

3 胡适．新思潮的意义，见葛懋春，李兴芝．胡适哲学思想资料选（上）．华东师范大学出版社，1981

4 郑鹤声，郑鹤春．中国文献学概要．上海书店，1983：1

原载于《图书情报工作》，2006年第2期

现代文献学家海外访书的成就

回顾中国文献史，19 世纪末到 20 世纪初的这一时期，可以称得上是一段最为惨痛的历史。大量新发现的文献流往国外，许多典籍善本被毁或散佚。早期发现的甲骨文献不少被加拿大、美国、日本等国收藏。1900 年八国联军占领北京，致使翰林院藏书多被焚毁，这其中包括《永乐大典》、《古今图书集成》、《四库全书》底本及未收的“四库存目”书原本，不少孤本因此而亡佚。1907 年，英国人斯坦因从敦煌劫走二十四箱敦煌文书及其他文物，自此以后，法国伯希和及俄国、日本、美国等国都从敦煌盗取大量文献与文物。就在同一年，日本三菱财团购取皕宋楼藏书①，皕宋楼是我国晚清四大藏书楼之一，与天一阁齐名，其书外流，在中国学术界和藏书界引起了很大的震动。正如商务印书馆在《四部丛刊启》（1920 年）中所说：“自咸同以来，神州几经多故，旧籍日就沦亡，盖求书之难，国学之微，未有甚于此时者也。”[1]

其次，外国藏书家所藏汉籍、特别是日本所藏汉籍，不少是珍本秘籍，往往为中国所无，这也激发了中国文献学家海外访书的热情。早在嘉庆时，日人天瀑山人（即林衡）编辑《佚存丛书》，收书 17 种，为中国佚失之书；后又有日人服部宇之吉编辑《佚存书目》，所收一百余种汉籍，都是在中国亡佚而存于日本的。光绪时，黎庶昌、杨守敬在日本访书，辑刻《古逸丛书》，收古逸书 26 种。杨守敬还写有《日本访书记》，问世后，在中国藏书界产生很大影响，论者称之为：“斯界之圭臬，对后人影响之深巨不可估量。”[2] 后来，董康、傅增湘、孙楷第等人赴日访书，均深受杨守敬的影响。傅增湘在给董康《书舶庸谭》作序时说：“夫日本藏书闳富，古刊秘录往往为中土所无。自杨邻苏（杨守敬号邻苏）访书以后，吾国人士引领东望，咸动礼失求野之思。”[3]

其三，在一些正统文人学者眼里，只有诗、古文、辞赋等才算文学，而那些白话小说、戏曲等，多遭鄙弃，也不为收藏家所重，因而，这方面文献很多流向海外。新文化运动期间，胡适等人大力提倡白话文，形成了一场文学的革命。在这思潮影响下，不少研究者或藏书家，开始重视对传统的小说、戏曲、话本等方面文献的研究与搜集，而海外所藏，自然是他们访书的重要目标之一。

其四，20 世纪二三十年代，是我国教育、图书馆、出版业相对发展的时期，学校、图书馆对古籍的需求量大增，出版业对古籍的翻印也蓬勃发展。在这样的背景下，一些图书馆和出版社派员往海外访书。如王重民、向达、孙楷第等人受北平图书馆之派遣到海外访书；张元济、郑贞文等受商务印书馆之托往日本访书，商务出版的大型古籍丛书《四部丛刊》等书，其中不少底本是来自日本所藏。

民国初年，有一大批中国学人往海外访书，其中较有成就的是张元济、傅增湘、董康、王古鲁、孙楷第、向达、王重民、郑振铎、姜亮夫等人，他们对中国文献典籍的搜集、保存、研究及刊刻出版等，都作出了巨大贡献。综观他们访书的范围与成就，约略可以概括为以下数端：

一、佚书，即国内已佚而国外尚存者。如《古今小说》（即《三言》中之《喻世明言》）已佚，日本内阁文库藏明刻足本，董康著录于《书舶庸谭》卷三（1927 年 3 月 25 日）日记中。[4] 40 年代初王古鲁② 曾摄回此书照片，交商务印书馆出版。又董康于同天日记中著录《二刻拍案惊奇》，亦为内阁大库所藏，明刻足本，为国内所佚，后亦在国内出版。

二、古本或善本，即其书国内虽存，但版本不如海外所藏更早或更精善。试以商务印书馆出版古籍为例，该馆在张元济的主持下，十分重视版本的选择。该馆在刊印《四部丛刊》前，曾公布其预定书目。当时，日本汉学家神田喜一郎曾就此书目，发表《论“四部丛刊”之选择底本》一文，讨论该丛刊不少书该用日本所藏更善，现摘要如下：

> 如《群书治要》不用日本元和二年刊本，而用有显然臆改形迹之天明七年尾州藩刊本，注意似犹未周。……《世说新语》用明嘉趣堂本，亦未为美善，是应用日本图书馆之南宋本或其翻刻之官版本。《杨诚斋集》为缪氏艺风堂影宋写本，想由日本图书馆所有之宋端平本刊本影写而来，亦不如直用端平本之为愈。……《春秋经传集解》之拟用翻宋本，实不及日本图书馆宋嘉定丙子闻人模刊本。《大唐西域记》拟用明刊本，不及日本京都文科大学丛书本。……[5]

由此可见，日本公私所藏中国古籍善本之多，不少为国内所无。或许正因为如此，1928 年 10 月 15 日，张元济与商务印书馆同事郑贞文③等往日本访书，在日本四十余天中，先后访静嘉堂文库原皕宋楼藏书、图书寮（日本皇室图书馆）、内阁文库、东洋文库、京都东福寺藏书等。又参观了几家私人藏书，于前田侯邸见宋刊《世说新语》，为国内所无；于德富苏峰家见古写本、刊本《论语》数十种；于内野五郎三家见残宋刊《宛陵集》，为国内所佚。[6] 访书的同时，还与对方协商，将部分珍本摄相，带回国内。合计摄相的古籍 46 种，其中宋刊 20 种，元刊 2 种、明刊 23 种，抄本 1 种。[7] 这些书后来大多都收入商务印书馆的《四部丛刊》、《续古逸丛书》、《百衲本二十四史》等丛书中。

三、小说戏曲，前往海外搜访这方面资料的学者主要有董康、郑贞文、孙楷第、王古鲁、郑振铎等。董康在四卷本《书舶庸谭》序言中说：弹唱、演义这类书，“吾国坊肆流传绝少，殆以妖妄荧听，厉以禁网也。德川氏于此类书籍搜罗綦富，悉储于内阁文库”。[8]《书舶庸谭》内著录了大量的小说戏曲资料，为后人的研究与进一步搜访提供了宝贵的线索。郑贞文在随张元济日本访书时，张注重经史子集，郑则阅读小说，如明刻《三言》、《二刻拍案惊奇》、《水浒》、《英雄谱》等。孙楷第受北平图书馆委派，于 1931 年 9 月往日本访书两个月，重点调查日本东京公私所藏中国古典小说，并写出《日本东京所见小说书目》。1927 年 5 月，郑振铎前往欧洲访书，先在巴黎国家图书馆录访阅读中国古典小说与戏曲，并写出《巴黎国家图书馆中之中国小说与戏曲》；同年8月又往伦敦，在英国国家图书馆查阅敦煌文献中的变文资料，这些访书成果对他后来在中国文学史研究上有着重要的意义。

四、敦煌遗书，这方面文献的精华部分主要收藏在英、法两国国家图书馆内。民国以后，我国一批学者曾前往访录与阅读，如刘半农、姜亮夫、王重民、向达等人，其中王重民的成就最为突出。王重民广泛搜集在英、法所藏的敦煌遗书，主要成果有《敦煌古籍叙录》、《敦煌变文集》、《敦煌曲子词集》、《补全唐诗》、《敦煌遗书总目索引》、《敦煌遗书论文集》等。关于王重民海外访书的情况，其夫人刘修业曾写有《王重民1935—1939年英德意诸国访书记》与《王重民法国读书记》两文，详细记录了王重民在法、英、德、意、梵蒂冈等地图书馆访书读书的情况。2003年，适值王重民诞辰一百周年，北京大学信息管理系编辑出版《王重民先生百年诞辰纪念文集》，对王重民海外访书的成就也有所涉及。向达于1935年先往英国，主要寻访敦煌遗书，后又往德国寻访唐人写本及吐鲁番文书，其后又到法国查看敦煌遗书。在欧洲四年间，对敦煌卷子进行抄录、拍照，获得了大量第一手资料，先后写成《记伦敦俗文学》、《伦敦所藏敦煌卷子经眼目录》等。1935年，姜亮夫在巴黎协助王重民整理敦煌遗书，主要是侧重于语言学部分的韵书卷子。后又往伦敦、罗马、柏林去寻访敦煌卷子等，返国后，写成《瀛涯敦煌韵辑》等。

五、太平天国史料，民国以后开始受到研究者重视。但国内收藏极少，多藏于英、法、德等国图书馆。清史专家萧一山等人早年曾在欧洲有所寻访。关于这方面情况，王重民在1936年曾有所记述。他说："近十余年来，东方学子，争研太平天国史事，欧洲所藏，次第发现。……程演生先生携回（巴黎）东方语言学校所藏，北京大学印为《太平天国史料》第一集。俞大维先生携回普鲁士国立图书馆所藏，罗鸿涛先生据以编入《太平天国诗文抄》。萧一山先生携回大英博物馆所藏，国立编译局汇辑为《太平天国丛书》。"[9] 向达早年曾发表《述近出太平天国史料三种》（1929 年），后在德国访书时，又抄录《太平天国文书》。1935 年，王重民发表《记巴黎国家图书馆所藏太平天国文献》，介绍了该馆所藏太平天国所刻书 13 种；同年发表《柏林访书记》，其中《太平天国文献》一篇，记德国普鲁士国立图书馆所藏太平天国颁布之官书；1936 年又发表《记剑桥大学图书馆所藏太平天国文献》，记前人所未见之太平天国文献 11 种。依王重民先生所见，海外收藏太平天国文献的单位主要有巴黎东方语言学校、大英博物馆、普鲁士国立图书馆，巴黎国家图书馆、剑桥大学图书馆、牛津大学图书馆。其中，“以柏林所藏为最精，剑桥所藏为最富”。[10]

六、明清之际天主教传教士华文著作，多藏于意大利、梵蒂冈、巴黎等地，日本东洋文库也有部分藏品。1930 年，贺昌群④曾往日本，在东洋文库阅读了大量明清之际在华天主教传教士的著作。王重民往欧洲访书的任务之一，即是搜寻这方面的著作。1936 年 9 月王重民往梵蒂冈图书馆与罗马国立图书馆，并拟编《明清之际天主教士译述书录》。对这次访书的情况，王重民写了一篇《罗马访书记》作了记录，《书录》未见传世，据其夫人刘修业称：“但拟未整理完毕，因家中现还藏不少天主教士的著作书目和提要。”[11]

从以上六个方面，我们大致可以看出在民国年间文献学家海外访书的主要成就。

注释：

①［日］岛田翰《皕宋楼藏书源流考》：“（丁未）4 月，遂订议为十万元。……越六月，陆氏皕宋楼、十万卷楼、守先阁之书，舶载尽归于岩崎氏静嘉堂文库。”见王余光．藏书四记．湖北辞书出版社，1998：291

②王古鲁（1900—1959）江苏常熟人，名钟麟，字古鲁。早年留学日本，回国后曾译青木正儿之《中国近世戏曲史》等书。1939 年 5 月往日本东京文理科大学任讲师。在日期间，曾受汪伪政府赞助，摄影日本公私所藏中国旧刻小说。1941 年归国，任伪北京大学文教授，又兼任沦陷时期北京图书馆秘书主任。1949 年后任北京师范大学教授。

③郑贞文（1891—1969）福建闽侯人。清末留学日本。

④贺昌群（1903—1973）四川马边县人，早年曾在商务印书馆工作，后任教于浙江大学、中央大学。1949 年后曾任南京图书馆馆长、中国科学

院历史研究所研究员兼中科院图书馆副馆长。

参考文献：

1 转引自：张静庐．中国现代出版史料·甲编．中华书局，1954

2 王勇，［日］大庭修．中日文化交流史大系·典籍卷．浙江人民出版社，1996：370

3 董康．董康东游日记·附录四．石家庄：河北教育出版社，2000

4 董康．董康东游日记·附录四．石家庄：河北教育出版社，2000：115—116

5 转引自：叶德辉．书林余话·卷下．北京：中华书局，1957

6 张树年．张元济年谱．北京：商务印书馆，1991：311—312

7 郑贞文．我所知道的商务印书馆编译所，见商务印书馆九十年．商务印书馆，1987

8 董康．董康东游日记·附录三．河北教育出版社，2000

9，10 王重民．太平天国官书补续叙录，见王重民．冷庐文薮．上海古籍出版社，1992

11 刘修业．王重民教授著述目录．见王重民．冷庐文薮·附录二．上海古籍出版社，1992

原载于《图书情报工作》，2004 年第 3 期

史志书目补辑综论

历代正史和《清史稿》有艺文志或经籍志仅七种：《汉书艺文志》、《隋书经籍志》、《旧唐书经籍志》、《新唐书艺文志》、《宋史艺文志》、《明史艺文志》和《清史稿艺文志》。这些志目并未通括历代，自身又多阙漏。这成了后人补辑的前提。

宋代，欧阳修因《旧唐书经籍志》不完备，在修《新唐书艺文志》时，补充了唐开元以后的两万八千多卷唐代人的著作。王重民先生认为这是“补史艺文志工作的开端”。[1]《汉书艺文志》有颜师古等人作注，但较简略。王应麟对《汉志》著录各书及颜注详加辨证，同时又增补原志未著录之书 27 部，写成《汉书艺文志考证》十卷，为史志书目补辑提供了一个范式，有深远的影响。

史志书目补辑的全面开展是从清代开始的。清初，政府准备修纂《明史》，但没有取得成效。直到康熙十八年（1679），重开史馆，广罗人才，《明史》修纂工作进入正轨。《明史》中设“艺文志”一门，修撰《明史 · 艺文志》，开启了清代大规模史志书目补辑之先河。[2]清代康雍年间从事史志书目补辑工作的学者，大多都参与了《明史》的修撰工作，如傅维鳞、尤侗、倪灿、黄虞稷、金门诏等人。傅维鳞曾自撰《明书》，其中“经籍志”三卷。傅氏按记一代藏书的传统做法，著录典籍四千六百余部，由于资料不备，基本上没有什么明代人的著作。稍后，尤侗在史馆中撰成《明艺文志》五卷，只收明一代之著作，共达七千余部。这部目录因“芜杂荒谬，不足为凭”，未被《明史》采用。但该目记一代著作之例却为后来官修《明史》之“艺文志”所采用。官修《明史》“艺文志”的编成是一个较为复杂的过程。先是，黄虞稷在明史馆，以其所编《千顷堂书目》为基础，编成《明史艺文志稿》[①]。后总裁王鸿绪编订《明史稿》，其艺文志即是在黄稿的基础上删改而成的。《明史稿艺文志》只收明一代之著述，将《明史艺文志稿》中宋、辽、金、元四代艺文志删除，引起了很多学者的不满，这也成为清代史志书目补辑的缘起。

清初，朝廷通过文字狱来禁止私修明史，史学家们为了避祸，把更多的精力放在稽古与辑佚上。史志书目的补辑，作为稽古与辑佚的一个组成部分，因而也逐步地兴盛起来，并取得了相当丰硕的成果。

现就清以来正史艺文经籍志补辑的几个问题，分述如下。

一、史志书目补辑的贯通与合刻

正史艺文经籍志不连续、不完善，在清初就已引起学者的重视。康熙年间，金门诏（1672—1752）就开始作正史艺文经籍志的连续与补辑工作。据王重民先生《金门诏别传》[②]所载：门诏“尝取《汉艺文志》、《隋经籍志》、唐宋两《艺文志》、焦竑《国史经籍志》，又以辽金元三史不志经籍，补撰《三史艺文志》，合为一编，仿郑樵《通志》，分部就班，各系小序，名曰《古今经籍志》”。这部经籍志或许因篇幅过大，未能付梓传世，但其《补三史艺文志》尚存。其后，学者杭世骏（1698—1773）用数十年之功，辑补历代艺文志，其目的正是想连续各史志书目，成为一贯通古今的完整书目，可惜《补历代艺文志》一书在杭氏死后就散佚了。[③]

道光年间，侯康（1798—1837）于史志书目补辑用力甚勤，他曾对后汉、三国、晋书、宋书、齐书、梁书、陈书、魏书、北齐书、周书等十部正史所缺之艺文志加以辑补，其目的是想将《汉书艺文志》与《隋书经籍志》相连贯。目前仅见侯氏《补后汉书艺文志》、《补三国艺文志》，其他补辑书目未见传本。在侯康的基础上，晚清学者姚振宗（1843—1906）继续对唐以前各正史作书目的辑补，并取得了极高的成就。先后完成了《七略别录佚文》、《七略佚文》、《汉书艺文志条理》、《汉书艺文志拾补》、《后汉书艺文志》、《三国艺文志》、《隋书经籍志考证》等，每种均有叙录，掇拾群言，折中己意，考撰人，条流变，自三代秦汉以迄于隋，学术流别大抵略具。[3]光绪二十七年（1901），姚氏将上述七书编次为《快阁师石山房丛书》。姚氏的成就受到后世学者的高度评价。姚名达对《汉书艺文志条理》及拾补二书，说“有此两书，而后古书显、《汉志》明，诚目录学之绝作也”。[4]对于《后汉艺文志》与《三国艺文志》二书，梁启超说：“至搜罗之博，则此两时代之著作，殆已全收无遗。清代补志之业，此其最精勤足称者矣。”[5]而《隋书经籍志》考证，则最为渊博，是姚氏目录学著作中，用力最勤、考证最精之作。

清代不少学者毕其一生，致力于史志书目的补辑，并力图将历代史志书目同补辑书目贯通与连缀起来，若将其合刻，由于篇幅过大，则非个人之力所能及。因而，金门诏、杭世骏、侯康、姚振宗诸人的补辑成果，都未能及时刻印，不少手稿都散佚了。侯康的补辑著作，在他死后，部分收入《岭南遗书》（商人全崇曜辑刊），方流传后世。姚振宗的《快阁师石山房丛书》，直到20世纪20年代才被浙江省图书馆逐次刊行。

较早地将正史各书志及部分补辑成果合刻的是日本文政八年（1825）官刻《八史经籍志》。这部合刻收辑了汉志到明志六部五史艺文经籍志，加以倪灿等《宋史艺文志补》和《补辽金元艺文志》、金门诏《补三史艺文志》、钱大昕《补元史艺文志》4部。所收各志并未通括历代，且有误刻，传本亦稀，通行的是张寿荣在光绪九年（1883）的重刊本。

光绪十三年（1887），张之洞在广州创设广雅书局，先后刻书三百余种，其中收清人史志书目补辑成果近10种。清末广雅书局停办，其版片归广东省图书馆，徐绍棨曾董理馆事，择其版式一律者150余种，汇印为《广雅丛书》，其史学部分，别为《史学丛书》，收清补辑书目10种。另，光绪二十八年（1902）上海文澜书局、焕文书局与点石斋，都曾依广雅书局所刻书，校印《史学丛书》，其中也收录了清补辑书目若干种。1935年，商务印书馆刊行《丛书集成》初编，收进了徐绍棨《史学丛书》中的补辑书目。

20世纪，出版业的发达为书目的刊刻提供了有力的保证。

1934年，杨家骆辑印《历代经籍志》，收6部正史艺文志经籍志及《清史稿艺文志》，另收姚振宗《汉书艺文志拾补》、《后汉书艺文志》及《三国艺文志》，文廷式《补晋书艺文志》，张鹏一《隋书经籍志补》，顾櫰三《补五代史艺文志》，倪灿等《宋史艺文志补》及《补辽金元艺文志》，金门诏《补三史艺文志》与钱大昕《补元史艺文志》。以上17部史目基本上通括历代，首次初步形成了一部通代艺文志。但唐、清两代的艺文志并不完善，在此之前尚无人辑补；而《历代经籍志》所选也不尽如人意，如张鹏一的《隋书经籍志补》就不如姚振宗的《隋书经籍志考证》精善。1936年，上海大光书局编辑出版《中国历代艺文志》，但选辑稍欠善，流传不广。

1935年，开明书店编辑王伯祥（1890—1975）与周振甫、卢芷芳组成"《二十五史》刊行委员会"，开始编纂《二十五史补编》，该书于1937年3月由开明书店出版，后经中华书局多次重印，流传广，影响大。《补编》收录历代学人为正史所缺的书志表谱而作的增补、考订、校释等著作，共计245种，其中收清以来的史志补辑书目28种。顾颉刚在《补编》序言中称该书与开明书店刊行的《二十五史》并行，"以便读史者之相互勘证，从此无患乎原书之阙漏，亦无惑乎原书之违迕，搜罗之博，远轶《广雅》，凡滋世所能致者几于无不备焉，为之喜而不寐。夫为昔人著作谋尽其用，为后来学术广辟其门，使材料不集中之苦痛从而解除，此真无量之功德，所当为史林永颂者已"。充分肯定了《二十五史补编》的学术价值。

20世纪50年代，商务印书馆编辑出版《十史艺文经籍志》，当时出版了汉、隋、两唐、宋、辽、金、元、明九史的艺文经籍志或它们的补辑目录。《清史稿艺文志及补编》也已打成纸型，但未出版，直到1982年才由中华书局出版。这部书目收录六部正史艺文经籍志及《清史稿艺文志》、相关书目、部分补辑书目共计36种，书后附有人名书名索引，颇便利用，是史志书目的一次总结性的汇编。

二、史志书目补辑的研究与数量

对清代史目补辑作系统梳理者，首推梁启超。他为《图书大辞典》簿录之部所作《官录及史志》一文[6]，详细总结了清代学人史目补辑的成就。文章以朝代顺序分为两汉三国、两晋南北朝隋、唐五代、宋辽金元、明、清六期，除清代外，各期以正史史目为纲，并对各种补志加以条理或题解。此后，梁氏的学生姚名达在他的《中国目录学史》（1936 年商务印书馆出版）中，对史志目录及补志也作了评述。

王重民先生对清代史志书目补加的其他问题作了深入的研究。他先后写了系列文章：《金门诏别传》、《"补晋书艺文志"书后》、《补晋书艺文志》、《中国目录学史·后记》、《千顷堂书目考》、《读"汉书艺文志拾遗"》、《"明史艺文志"与补史艺文志的兴起》等。在上述文章中，王重民提出了不少重要观点。首先，他认为倪灿没有修过《明史艺文志》，《明史艺文志》的底稿是黄虞稷所修撰。其次，他对前清史志书目补辑工作作了疏理，并提出，康乾时期，补志工作开始兴盛起来，从黄虞稷、金门诏、杭世骏、厉鹗到卢文弨、钱大昕钱大昭兄弟，他们拓展了史志书目补辑的范围，给书目补辑开辟了广阔的园地。嘉道年间，史志书目补辑得到了进一步的发展，代表人物有侯康与顾櫰三，他们的补辑方法与成就为后人奠定了基础。

王重民之后，研究者较少，不少目录学著作都提及史志书目补辑，但深入研究者未及见。

对清以来史志书目补辑成果加以疏理的另一方面是书目提要。其主要有四家：

1. 日本学者前泽规矩也所撰《中国版本目录学书籍解题》，该书 1940 年在日本出版，汉译本由书目文献出版社 1990 年出版，收清以来史志补目 32 种，有提要。

2. 梁子涵编《中国历代书目总录》，1954 年由台北中华文化出版事业委员会出版，收清以来史志补目 44 种，无提要。

3. 陈乃乾编《二十四史注补表谱考证书籍简目（初稿）》，1962 年印，收清以来史志补目 40 种，无提要。

4. 来新夏主编《清代目录提要》，1997 年齐鲁书社出版，收清代史志补目 33 种，民国 1 种，有提要。

以上书目将清以来史志补目的重要者都收录了，为人们研究或利用提供了方便。但各目所收尚欠完备，近年，笔者在上述各目基础上，又加搜集，共得书目 82 种，现分列如下：

清以来史志书目补辑列目

1. 综合之属

古今经籍志　金门诏撰

补历代艺文志　杭世骏撰

八史经籍志

《史学丛书》所收补辑书目　徐绍棨编

历代经籍志　杨家骆编

《二十五史补编》所收补辑书目　王伯祥等编

中国历代艺文志　大光书局编译所编

十史艺文经籍志　商务印书馆编

《二十四史订补》所收补辑书目　徐蜀选编

2. 史汉之属

司马迁所见书目考　金德建撰

汉书艺文补志　翟灏撰

汉书艺文志拾补　六卷　姚振宗撰

新莽艺文志　饶颐撰

补后汉艺文志　厉鹗撰

补续汉艺文志　二卷　钱大昭撰

补后汉书艺文志　一卷　洪饴孙撰

补后汉书艺文志　十卷　顾櫰三撰

补后汉书艺文志　四卷　侯康撰

补后汉书艺文志　劳颎撰

后汉艺文志　四卷　姚振宗撰

补后汉书艺文志并考　志一卷考十卷　曾朴撰

补侯康后汉书艺文志补　陶宪曾撰

3. 魏晋之属

补三国艺文志　四卷　侯康撰

补侯康三国艺文志补　陶宪曾撰

三国艺文志　四卷　姚振宗撰

补晋书艺文志　四卷　秦荣光撰

补晋书艺文志　六卷　文廷式撰

补晋书艺文志　四卷，补遗一卷，附录一卷　丁国钧撰

补晋书艺文志刊误　一卷　丁辰撰

补晋书艺文志　四卷　黄逢元撰

补晋书经籍志　四卷　吴士鉴撰

4. 南北朝之属

南北史合八代史录目　陈汉章撰

补南北史艺文志　三卷　徐崇撰

补宋书艺文志　一卷　王仁俊撰

补宋书艺文志　聂崇岐撰

补南齐书经籍志　陈鸿儒、高桂华、阎枕泉撰

补南齐书艺文志　陈述撰

补梁书艺文志　一卷　汤洽撰

补梁书艺文志　一卷　王仁俊撰

补梁书艺文志　四卷　朱希祖撰

补梁书艺文志　李云光撰

补陈书艺文志　一卷　汤洽撰

补北史艺文志初稿　沈嵩华撰

补后魏书艺文志　李正奋撰

5. 隋唐五代之属

隋书经籍志考证　十三卷　章宗源撰

隋书经籍志考证　五十二卷　姚振宗撰

隋书经籍志补　二卷　张鹏一撰

隋代艺文志　一卷　李正奋撰

新唐书艺文志补　张固也撰

补五代史记艺文考　三卷　徐炯撰

续唐书经籍志　一卷　陈鳣撰

补五代史艺文志　一卷　顾櫰三撰

补五代史艺文志　一卷　宋祖骏撰

补南唐艺文志　一卷　汪之昌撰

6. 宋、辽、金、元之属

宋史艺文志补　一卷　倪灿撰，卢文弨校正

宋史艺文志　朱文藻撰

西夏艺文志　王仁俊撰

辽史拾遗·补经籍志　厉鹗撰

辽史拾遗补·补经籍志　杨复吉撰

辽艺文志　缪荃孙撰

辽史艺文志补证　王仁俊撰

补辽史艺文志　黄任恒撰

金艺文志补录　龚显曾撰

金史补艺文志　一卷　郑文焯撰

金史艺文略　孙德谦撰

金史艺文略

补元史艺文志　四卷　钱大昕撰

元史艺文志补　张锦云撰

补辽金元艺文志　一卷　倪灿撰，卢文弨校正

补三史艺文志　一卷　金门诏撰

四朝经籍志补　吴骞撰

7. 明清之属

明书经籍志　三卷　傅维鳞撰

明艺文志　五卷　尤侗撰

明史艺文志稿　万斯大编

明史稿艺文志　王鸿绪撰

明史经籍志　金门诏撰

明史艺文志补遗　徐鼎撰

重修清史艺文志　彭国栋撰

清史稿艺文志补编　武作成撰

清史稿艺文志拾遗　郭霭春撰

清史稿艺文志拾遗　王绍曾主编

太平天国经籍志　罗尔纲撰

三、史志书目补辑的时代与作者

综观清以来史志书目补辑工作，约略可分为六个阶段：（一）康雍时期；（二）乾隆时期；（三）嘉道时期；（四）晚清（咸同光宣）时期；（五）民国时期；（六）1949 年以来。

（一）康雍时期。这一时期是清代史志书目补辑的开端，而这一开端源于明史馆对《明史艺文志》的修撰。据王重民在《金门诏别传》中记载，金门诏在雍正时期，“在明史馆，又因焦竑旧志，增其未备，加以参考，更订叙录，为《明史·经籍志》。时晋江黄虞稷、上元倪灿、长洲尤侗，各抱宏愿，奋笔其间，然以《宋志》咸淳以后，缺略未备，而辽金元三史，不志艺文，欲仿《隋志》兼志五代之例，自咸淳以后，补之于《明

史》。唯尤氏专断自有明，独为史馆所取重，乃参以黄倪两家，就侗稿重加编定。”[8]当时，参与《明史艺文志》修撰的学者有黄虞稷、倪灿、尤侗，还有金门诏。尤侗所撰《明艺文志》五卷，只收明一代著作，由于质量不高，未被《明史》采用，但其“纪当代著作”的方法被后来《明史经籍志》采纳。金门诏也编撰了《明史经籍志》，亦未被《明史》采用。

这一时期，徐炯作《五代史记补考》，在艺文志方面颇有成绩。全书二十四卷，后三卷为艺文考。欧阳修撰《新五代史》仅有司天、职方二考，缺艺文，徐氏为之补辑。徐炯为清初著名学者、藏书家徐乾学之子，精于小学。在艺文考中，撰者采用辑录体，在各书之下，将相关资料广为搜集，并注明出处。梁启超对此书作了很高评价，说：“此体在乾嘉后各补志固所习用，清初作者尚以此书为创例也。”[9]梁氏还将此书与后来陈鳣所作《续唐书经籍志》、顾櫰三所作《补五代史艺文志》两书相比较，认为“陈、顾二家虽后起，反不逮其稍善，益见此书之难能可贵矣。”[10]

（二）乾隆时期。乾隆以前，史志书目补辑尚无独立成书者，如黄虞稷、倪灿、徐炯等。金门诏曾在明史馆工作，大概受到黄虞稷、倪灿的影响，开始撰写一部独立的补志书目，即《补三史艺文志》。这一时期史志书目的补辑开始兴盛起来，其重要的补辑学者有金门诏、厉鹗、杭世骏、钱大昕、钱大昭、吴骞、章宗源等，以及与补目有关的学者卢文弨。金门诏补三史，厉鹗、钱大昭补后汉，杭世骏补金史、厉鹗补辽史，钱大昕补元史，吴骞对宋、辽、金、元四史补辑，章宗源补隋志，史志书目补辑得以全面展开。与此同时，卢文弨从《明史艺文志稿》中摘出《宋史艺文志补》、《补辽金元艺文志》。从两汉至隋代及宋辽金元各代，史志书目的补辑，在范围上大大拓展了。

由于辽金元三史无艺文志，此期补辑的重点仍是集中在这三代，金门诏的《补三史艺文志》、卢文弨校正的《补辽金元艺文志》、钱大昕的《补元史艺文志》（兼收辽金二代之书），最有代表性，各有所长，不可偏废，并对后世补辑工作有广泛的影响。

（三）嘉庆时期。史志书目补辑经过一段时间的发展，到这一时期已达到了一个新的水平，一些补目比以前更为完善了，其重要作者有陈鳣、顾欀三、洪饴孙、侯康等人。王重民先生在《明史艺文志与补史艺文志的兴起》一文中，对侯康、顾欀三的成就作了较为详细的论述，认为，他们一方面继承了前人，如钱大昕、钱大昭、章宗源等人的成果；另一方面，进一步运用辑录体的方式，“在补史艺文志的工作上则超过了他们的前一辈人”。

（四）晚清。此期为史志书目补辑的繁荣时期，其成果众多，质量之高，都是前所未有的。重要的补辑作者有：秦荣光、姚振宗、缪荃孙、文廷式、郑文焯、黄逢元、张鹏一、王仁俊、丁国钧、吴士鉴、曾朴、黄任恒等。《二十四史》中的各史，他们的补辑大多都涉及了。

关于《汉书》，此前有宋王应麟的《汉书艺文志考证》及清乾隆时翟灏的《汉书艺文志补志》，后者未见流传。姚振宗的《汉书艺文志拾补》成就最高，姚名达称此书为目录学之绝作。关于《后汉书》，补辑书目者先后有九家，此期就有姚振宗、曾朴两家。在各家之中，资料详尽、考证谨严、搜罗之博、极少滥收者，唯姚氏《后汉艺文志》。关于《三国志》，先后有三家，侯康《补三国艺文志》缺失较多，体例亦欠完善，姚振宗重新补辑，其成就亦在各家之上。关于《晋书》，先后有六家，均为此时的学者，其中秦荣光的《补晋书艺文志》收录最多，达2649种；丁国钧的《补晋书艺文志》考证最为精审。南北朝各史，有王仁俊补《宋书》、《梁书》，汤洽补《梁书》、《陈书》等。隋唐五代各史，有姚振宗《隋唐经籍志考证》和张鹏一的《隋书经籍志补》，两家书目的质量都很不错。宋辽金元各史，清前期学者已多有补辑，此期学者在前人成果的基础上，再作补辑，关于《辽史》，就有黄任恒、缪荃孙、王仁俊三家，《金史》有郑文焯一家，西夏有王仁俊一家等。

（五）民国。此期个人补辑虽有数家，但成就都不太高。有孙德谦补《金史》、朱希祖补《梁书》、李正奋补《后魏书》、徐崇补南北史、陈述补《南齐书》、聂崇岐补《宋书》等各家。

（六）1949年以来。此期补辑的成就是关于《清史稿》的书目补辑，有彭国栋、武作成、王绍曾三家，均有成绩。另外，两唐书一直无人补辑，此时有张固也的《新唐书艺文志补》，可谓是填补空白之作。

综观清以来史志书目的补辑，可以看出，康雍时期为其发端，到了乾隆时期，书目补辑成了一项独立的学术活动，进入嘉庆时期，便达到了一个新的水平，晚清时期，逐步繁盛，清以后则渐至沉寂。书目补辑在清以后的沉寂，究其原因，约略有如下数端：(1) 学术风气的转变，稽古、辑录、考据不受学者的重视；(2)《二十四史》中，绝大多数史书已被清人补辑，一种史书甚至多达数种，如没有新材料，这一工作则很难深入；(3) 清以后私人藏书家逐步退出历史舞台，这是书目补辑沉寂的一个潜在原因。考察书目补辑者，他们大多是私人藏书家，丰富的私人藏书，成为他们从事补辑工作的重要资料保障。

根据本文第二节所列的 82 种史志补辑书目，其作者的籍贯和藏书情况可考者共 50 人，现列表如下：

江苏　23 人		浙江　14 人	其他　13 人
△金门诏	孙德谦	△翟　灏	△徐绍棨（广东）
△杭世骏	尤　侗	△姚振宗	侯　康（广东）
△钱大昕	王鸿绪	吴士鉴	黄任恒（广东）
△钱大昭	△杨家骆	陈汉章	傅维鳞（河北）
顾櫰三	王伯祥	△朱希祖	陈　述（河北）
△丁国钧	△曾　朴	△章宗源	△文廷式（江西）
△王仁骏	洪饴孙	△陈　鳣	黄逢元（湖南）
△徐　炯	秦荣光	△卢文弨	△徐　崇（安徽）
△宋祖骏	△丁　辰	△朱文藻	李正奋（山西）
倪　灿	△王绍曾	△厉　鹗	张鹏一（陕西）
△黄虞稷		△吴　骞	龚显曾（福建）
△杨复吉		张锦云	△郑文焯（山东）
△缪荃孙		△万斯大	△罗尔纲（广西）
		金德建	

注：带△ 号者为可考的藏书家。

从以上的统计看，清以来从事史志书目补辑工作的主要是江浙两地的学者，这与江浙藏书之盛是有密切的联系的。江苏 23 个作者中，藏书家达 15 人，浙江 14 人中藏书家达 10 人。可见私人藏书家为史志书目补辑的主力军。

书目补辑是文献整理的一项有意义的工作，同时它为了解和研究历代文献提供了珍贵而系统的素材。著名目录学家王重民曾说："自有补志工作以后，逐渐给没有艺文志的正史补作了艺文志，再和原有的正史艺文志连接起来、排列起来，就成了一部由汉至清的历代艺文志，形成一部两千多年来的全国总书目。这是记录我国文化典籍的最完备的目录资料。"[11]应该说目前我们已具备了做这么一部《全国总书目》的条件，我们期待着这部书目的早日问世。很显然，这部书目，将为中国学术史、目录学史、文献史的研究，奠定一块重要的基石。

注释：

①据梁子涵所编《中国历代书目总录》，著录有"《明史艺文志稿》"一条，为清万斯大编，梁氏慕真轩藏钞本二册。编者在按语中称："《潜采堂书目》有《艺文志稿》十四卷，未知出谁氏之手。"

②原载《图书馆学季刊》1932 年 5 月之六卷一期，后收入上海古籍出版社 1992 年出版的《冷庐文薮》。

③近有论者称清代学者补志，"他们并没有想到要将所补之志从上到下贯成一编，使之成为一个整体。最初从事这项工作的还是日本人"。这与事实不符。日人所刻《八史经籍志》，与补志工作并无关系。

参考文献：

1 王重民．中国目录学史论丛．中华书局，1984：221

2 王重民．"明史·艺文志"与补史艺文志的兴起．图书馆学通讯，1981（3）

3 戴和冰．清代学者对正史艺文（经籍）志的增补．图书情报工作，2001（1）

4 陶存煦．姚海槎先生年谱．文澜学报，1935（1）

5 姚名达．中国目录学史．上海书店，1984：202

6 梁启超．官录及史志．《饮冰室专集》之八十七．中华书局，1936

7 见《饮冰室专集》之八十七．中华书局，1936

8 见王重民．冷庐文薮．上海古籍出版社，1992：217

9，10 见《饮冰室专集》之八十七．中华书局，1936

11 王重民．普通目录学．北京大学图书馆学系油印本：55

原载于《图书馆学研究》，2002 年第 3 期

史志书目补辑述略

一、综合之部

古今经籍志

金门诏撰

金门诏（1672—1752），字轶东，号东山，江苏江都人。乾隆元年（1736）进士。家富藏书，其藏书处为二酉山房。曾与修《古今图书集成》，纂《经籍典》500卷。与修《明史》，撰《明史经籍志》。又取《汉志》、《隋志》、《新唐书艺文志》、《宋史艺文志》、自撰《补三史艺文志》（括辽、金、元三代）、焦竑《国史经籍志》6种，仿郑樵《通志》例，撰成《古今经籍志》，惜不传。

补历代艺文志

杭世骏撰

杭世骏（1698—1773），字大宗，号堇浦，浙江仁和（今杭州）人，家富藏书，曾建“补史亭”以藏书。用数十年之功，辑补历代艺文志。吴骞于乾隆四十年跋《千顷堂书目》云：“堇浦季年复辑历代艺文志，惜乎卒业未几，奄捐馆舍。”后散佚。

八史经籍志

收汉志、隋志、新旧唐志、宋志、明志六部正史艺文志，另加4部补志：倪灿等《宋史艺文志补》、《补辽金元艺文志》、金门诏《补三史艺文志》、钱大昕《补元史艺文志》。原为日本文政八年（1825）官刊本，光绪九年（1883）镇海张寿荣重刊本。

《史学丛书》所收补辑书目

徐绍棨编

广雅印行所 1920 年刊印。

徐绍棨（1879—1948），广东番禺人，曾在中山大学等校任教，著名藏书家。1918 年，选广雅书局存版校补印行《广雅丛书》，其属史学者 93 种，别为《史学丛书》，收清以来补辑书目 10 种：钱大昭《补续汉书艺文志》、侯康《补后汉书艺文志》、丁国钧《补晋书艺文志》、丁辰《补晋书艺文志刊误》、顾櫰三《补五代史艺文志》、倪灿等《宋史艺文志补》、倪灿等《补辽金元艺文志》、金门诏《补三史艺文志》、钱大昕《补元史艺文志》。

历代经籍志

杨家骆编

1934 年南京辞典馆印行。

杨家骆（1901—1991），江苏南京人，曾在南京组建“中国辞典馆”，后任教于台湾大学。编撰《四库全书学典》、《四库大辞典》等。《历代经籍志》收汉志等六部正史艺文志及《清史稿艺文志》，另收姚振宗《汉书艺文志拾补》、《后汉艺文志》、《三国艺文志》，文廷式《补晋书艺文志》，张鹏一《隋书经籍志补》，顾櫰三《补五代史艺文志》，倪灿等《宋史艺文志补》、《补辽金元艺文志》，金门诏《补三史艺文志》，钱大昕《补元史艺文志》。

《二十五史补编》所收补辑书目

王伯祥等编

1937 年开明书店出版。

王伯祥（1890—1975），江苏苏州人，曾在北京大学、商务印书馆、开明书店、中国社会科学院等处任职。1935 年，同周振甫、卢芷芳编《二十五史补编》，收历代史志补辑书目 28

种：

姚振宗《汉书艺文志拾补》，钱大昭《补续汉书艺文志》，侯康《补后汉书艺文志》，顾欀三《补后汉书艺文志》，姚振宗《后汉书艺文志》，曾朴《补后汉书艺文志》及《附考》，姚振宗《三国艺文志》，侯康《补三国艺文志》，秦荣光《补晋书艺文志》，丁国钧《补晋书艺文志》及丁辰《刊误》，文廷式《补晋书艺文志》，吴士鉴《补晋书经籍志》，黄逢元《补晋书艺文志》，徐崇《补南北史艺文志》，聂崇岐《补宋书艺文志》，陈述《补南齐书艺文志》，张鹏一《隋书经籍志补》，章宗源《隋书经籍志考证》，姚振宗《隋书经籍志考证》，顾欀三《补五代史艺文志》，倪灿等《宋史艺文志补》，王仁俊《西夏艺文志》、《辽史艺文志补证》，缪荃孙《辽艺文志》，黄任恒《补辽史艺文志》，钱大昕《补元史艺文志》，倪灿等《补辽金元艺文志》，金门诏《补三史艺文志》。

中国历代艺文志

大光书局编译所编

1936年上海大光书局出版。

收六部正史艺文志及王应麟《汉书艺文志考证》、章宗源《隋书经籍志考证》、上海书报合作社编译所编的《宋史艺文志宋史新编艺文志歧异表》、魏源《元史新编艺文志》。

十史艺文经籍志

商务印书馆编辑

20世纪50年代商务印书馆陆续出版。收有以下书目：

（一）《汉书艺文志·拾补》，收汉志及姚振宗《汉书艺文志拾补》；

（二）《隋书经籍志·补》，收隋志及张鹏一《隋书经籍志补》；

（三）《唐书经籍艺文合志·附录》，收新旧唐志及罗士琳等撰《旧唐书经籍志校勘记》；

（四）《宋史艺文志·补·附编》，收宋志及倪灿《宋史艺文志补》、徐松辑《四库阙书目》、《秘书省四库阙书目》、《中兴馆阁书目》、《中兴馆阁续书目》、赵士炜辑《宋国史艺文志》；

（五）《辽金元艺文志》，分辽艺文志：（1）黄虞稷《千顷堂书目（辽代部分）》，附吴骞《四朝经籍志补（辽）》；（2）厉鹗《辽史拾遗·补经籍志》；（3）杨复吉《辽史拾遗补·补经籍志》；（4）倪灿等《补辽金元艺文志（辽代部分）》；（5）金门诏《补三史艺文志（辽代部分）》；（6）钱大昕《补元史艺文志（辽代部分）》；（7）《续文献通考·经籍考（辽代部分）》；（8）缪荃孙《辽艺文志》；（9）王仁俊《辽史艺文志补证》；（10）黄任恒《补辽史艺文志》。金艺文志：（1）《千顷堂书目（金代部分）》，附《四朝经籍志补（金）》；（2）《补辽金元文志（金代部分）》；（3）《补三史艺文志（金代部分）》；（4）《续文献通考·经籍考（金代部分）》；（5）《补元史艺文志（金代部分）》；（6）龚显曾《金艺文志补录》；（7）孙德谦《金史艺文略》。元艺文志：（1）《千顷堂书目（元代部分）》，附《四朝经籍志补（元）》；（2）《补辽金元艺文志（元代部分）》；（3）《补三史艺文志（元代部分）》；（4）《续文献通考·经籍考（元代部分）》；（5）《补元史艺文志》；（6）张锦云《元史艺文志补》。

（六）《明史艺文志·补编·附编》，收明志及傅维明《明书经籍志》、王圻《续文献通考经籍考》、《钦定续文献通考经籍考》、焦竑《国史经籍志》、宋定国、谢星缠撰《国史经籍志补》。

（七）《清史稿艺文志·补编》，未出，1982 年由中华书局出版《清史稿艺文志及补编》，收《清史稿艺文志》及武作成撰《清史稿艺文志补编》。

由此将汉、隋、唐（新旧两种）、宋、辽、金、元、明、清十种史书的艺文经籍志及部分补作汇为一书，颇便使用。

《二十四史订补》所收补辑书目

徐蜀选编

书目文献出版社1996年出版。

该书收二十四史订补方面的著作160余种，凡《二十五史补编》所收者不收。该书收补辑书目有：李正奋《补后魏书艺文志》、宋祖骏《补五代史艺文志》、汪之昌《补南唐书艺文志》、无名氏《金史艺文志》。

二、史汉之部

司马迁所见书目考

金德建撰

上海人民出版社1963年出版。

金德建（1909— ），浙江嘉兴人，曾在无锡国专、上海化工专科学校、上海社科院等单位任职，著有《古籍丛考》等。该书对《史记》中提到或引用到的各书进行考证，计有82种之多（单篇文章不计在内），或可作《史记》补志之用。

汉书艺文补志

翟灏撰

翟灏（？—1788），字大川，浙江仁和（今杭州）人，乾隆十九年（1754）进士。据《碑传集》记载："自壮至老，手搦翰一管，撰述无倦。目短视，离牍才寸，客至前不知也。"有《汉书艺文补志》，未刻。

汉书艺文志拾补　六卷

姚振宗撰

姚振宗（1843—1906），字海槎，小字金生，浙江绍兴人。家藏颇富，其藏书处为师石山房，另筑快阁，为读书著书之所。曾重编家藏书目《师石山房书目》三十一卷，共著录书3279种，六万余卷，每书均有叙录。如自序称："以证存本之同异，大抵见诸前人考证者过半，其无从证据，自为考证者无几焉。此第就楹书留遗，略分门类，识大识小，聊备采择，俾知先公好书之心，庶示后嗣读书之法。"其他目录学著作有：《七略佚文》、《七略别录佚文》、《汉艺文志拾补》、《汉书艺文志条理》、《后汉书艺文志》、《三国艺文志》、《隋书经籍志考证》，作者将上述各书编为《快阁师石山房丛书》。

南宋王应麟曾撰《汉书艺文志考证》，对汉志作了详注与考证，并在各类中补入古书27部，是史志目录补辑的先导。但王氏着力在于考证，补辑颇多脱漏。故姚振宗作《汉书艺文志拾补》，重点在补辑。至光绪戊子（1888）已初稿略具，直至辛卯年（1891）定稿。全书按汉志六略厘为六卷，综计补辑书285家317部，附见64家90部，汉以前之典籍，汉志之外，大抵略备。

其后，姚氏又于光绪壬辰年（1892）撰成《汉书艺文志条理》八卷，汇辑各家有关汉志的注释与考证成果，并附以己说。

姚名达称："有此两书，而后古书显，《汉志》明，诚目录学之绝作也。"（《中国目录学史》，页202，上海书店1984年版）

新莽艺文志

饶颐撰

梁氏慕真轩藏抄本一册。

补续汉艺文志　二卷

钱大昭撰

钱大昭（1744—1813），字晦之，号竹庐，又号可庐，嘉定人。对前后汉书均有深入研究，又受其兄大昕影响颇深，二人在史志目录补辑上都有贡献，大昕曾撰《补元史艺文志》。

《后汉书》无艺文志，后世补辑者甚多，《补续汉艺文志》以四部分次，经部分易、书、诗、礼、春秋、论语、孝经、尔雅、孟子、经解、谶纬；史部为国史、典章、刑法；子部不分类；集部分文集、别集二类。四部各著录图书：经部172部，史部47部，子部77部，集部85部，综计四部合381部，主要是东汉一代人之著作。邵晋涵于乾隆五十三年（1788）为该书作序，称"此编以补司马氏之阙漏，部分条析，悉依前书，于一代著述固以搜采无遗，洋洋美备矣"。事实上，所谓"搜采无遗”，只是作序人的美言，非为事实，因而后人陆续补作。

补后汉书艺文志　十卷

顾櫰三撰

顾櫰三（1785—?），字秋碧，江苏江宁人。曾从钱大昕问业，对目录学颇有研究，除此志外，尚有《补五代史艺文志》。

该志以四部分类，卷一至卷三为经部，分周易、尚书、诗、三礼、春秋三传、论语、孝经、五经总类、小学、乐；卷四至卷七为史部，分正史、记注、杂史霸史、古史、历象、时令、舆地、仪注、科令、别传；卷八为子部，分诸子、阴阳杂家、兵家、医家、佛书、道书、小说；卷九为集部，分楚辞、别集类上。卷十为经学师承，仅有上篇。全书著录图书一千余种，从分类上看，该书为未完成稿，如蒋国榜在跋语中所说：“无凡例、无序跋，引书篇目，或注或否，或详或略，甚至互讹。”

补后汉书艺文志　四卷

侯康撰

侯康（1798—1837），字君模，广东番禺人，道光举人，于史志目录补辑用力甚勤，除本志外，尚有《补三国艺文志》。另据陈沣所记，侯氏另有补晋书、宋书、齐书、梁书、陈书、魏书、北齐书、周书艺文志，未见传本。商人伍崇曜（1810—1863）于道光三十年（1850）刻《岭南遗书》，收入本志及《补三国艺文志》，并作校订。

该志卷一、二为经部，卷三为史部，卷四为子部，集部缺，似为未成稿，共著录书404部。作者于卷首自注中称：“凡诸书见本传及隋、唐、宋志释文叙录者皆不著所出，若采自他书或附传者则著之。”

后汉艺文志　四卷

姚振宗撰

姚氏在完成《汉书艺文志拾补》之后，又于光绪十五年（1889）完成是志。姚氏参考了钱大昭、侯康两志，并认为他们有不完善处，称钱志“上及西汉，下包三国，类例既极草率，而不免重复误收，漫无裁制”。侯志又是子部兵家、历算、五行、医方、杂艺，集部与佛道均无，乃“未竣之初稿，非为完书”，故新作。固《后汉书》无艺文志，故本志不称“补”。

全目分四部四十二类，附佛道二类，计经部书247部，史部书196部，子部书226部，集部书（附佛道）438部，合计1107部。

梁启超对该志特色作如下概括：

1. 著者事略，一一详载，令读者得考见其环境及学术渊源；

2. 著录各书皆注出处，视侯康书详备；

3. 其书有近人辑本者皆举列之；

4. 后人对原书有批评者皆录之；

5. 有疑问者附按语考证之；

6. 断代极谨严，极少滥收；

7. 搜罗之博。

梁氏称：“清代补志之业，此其最精勤足称者矣!”（梁启超《图书大辞典簿录之部：官录及史志》）

补后汉书艺文志并考　志一卷考十卷

曾朴撰

曾朴（1872—1935）字孟朴，江苏常熟人，光绪间举人，藏书家。此志并考完成于1895年，虽在姚振宗《后汉艺文志》后，但并未参考姚志。该志特色在分类与考证上。

撰者认为，汉时无四部分类，故参酌刘歆、荀勖、王俭、阮孝绪诸人的分类方法，分书为七志：

六艺志，记易、书、诗、礼、乐、春秋、论语、孝经、小学、纬候，共著录书211部；

记传志，记史志、杂史、旧事、杂传、地域，共著录书117部；

子兵志，记儒、道、阴阳、法、名、墨、纵横、杂家、农、小说、兵，著录书60部；

文翰志，记诗赋、杂文，著录书86部；

数术志，记天文、历谱、五行、杂占、形法，著录书34部；

方技志，记医经、经方、神仙、房中，著录书35部；

道佛志，著录书47部。

以上七志，综计著录书590部。

各书考证，颇为详密，独到之见甚多。

补后汉艺文志

厉鹗撰

厉鹗（1692—1752），字太鸿，浙江钱塘人，康熙举人，藏书家。曾撰《补辽史经籍志》，此志未见传本，见载文廷式《补晋书艺文志》序。

补后汉书艺文志　一卷

洪饴孙撰

洪饴孙（1773—1816），字孟慈，江苏阳湖（今武进）人，洪亮吉（1746—1809）之子。此志见载《授经堂书目》。

补后汉书艺文志

劳颎撰

劳颎，字桄叔。此志见载钱泰吉（1791—1863）《甘泉乡人稿》。

补侯康后汉书艺文志补

陶宪曾撰，

陶绍曾，字仲甫，湖南安化人。该志载《灵华馆丛稿》卷四。

三、魏晋南北朝之部

补三国艺文志　四卷

侯康撰

陈寿《三国志》无艺文志，侯康为之补辑。该志卷一、二为经部，分易、书、诗、礼、乐、春秋、孝经、论语、群经、小学、谶纬；卷三为史部，分正史、编年、杂史、起居注、职官、仪注、刑法、杂传、地志、谱谍、目录；卷四为子部，分儒家、法家、名家、兵家、农家、道家、杂家、天文、历算、五行、医方、杂艺、小说；其中农家、历算、五行、医方、杂艺有类无书，集部缺，当属未完稿。

补侯康三国艺文志补

陶宪曾撰

载《灵华馆丛稿》卷四。

三国艺文志　四卷

姚振宗撰

姚氏因侯志缺佚较多，体例不善，故重新补辑，并在体例上明确：一，侯志排列著作，先以蜀人、次魏人、再次吴人，与陈寿《三国志》不合，姚志依陈寿书原次第，以魏、蜀、吴为先后；二、侯氏以人类书，即一人之书罗列一处，姚志改为以书的类别列入各类。全目分经、史、子、集四部，著录书1122部。

补晋书艺文志　四卷

秦荣光撰

秦荣光（1841—1904），字炳如，上海人。

《晋书》无艺文志。据记载，侯康曾辑过晋书艺文志，未见传本。秦荣光于光绪十四年（1888）完成初稿，后经其子锡田加以整理，于1915年定稿。

该志分经、史、子、集四部，经部著录书423种，史部著录书895种，子部著录书709种，集部著录书622种，合计2649种。

补晋书艺文志　六卷

文廷式撰

文廷式（1856—1904），字道希，江西萍乡人，藏书既富且精。除上志外，有《国朝诸人著述目录》及补编，收清人四库全书总目未收者著作三千种。

该志卷一为经部，分易、书、诗、礼、乐、春秋、论语、孝经、群经、小学、经纬；卷二、三为史部，分正史、编年、杂史、霸史、起居注、故事、职官、仪注、刑法、杂传、地志、谱录、目录；卷四、五为子部，分儒、道、墨、法、名、杂、兵、农、纵横、历算、天文、五行、医、神仙、释、杂艺、小说；卷六为集部，分楚辞、别集、总集。四部共著录书 2438 种。著录各书，大多撰有叙录。

补晋书艺文志　四卷，补遗一卷，附录一卷

丁国钧撰

丁国钧（？—1919），字秉衡，江苏常熟人，藏书颇富。该志有 1894 锡山文苑阁活字本，分四部，经部著录 323 部，史部著录书 601 部，子部著录书 230 部，集部著录书 477 部，另著录佛经 112 部，道经 15 部，合计 1758 部。除隋唐志收录者外，其他各书皆注明出处，加以考证。附录分存疑、黜伪二类，撰人及成书年代有疑问者入存疑，凡 101 部；伪托之书入黜伪，凡 34 部。

补晋书艺文志刊误　一卷

丁辰撰

丁辰为丁国钧之子。

补晋书艺文志　四卷

黄逢元撰

黄逢元（1863—1925），字少云，号木父，湖南善化（今长沙）人，有文集行世。

据弟子席闓运在该志跋语中所记：先生“卒之前二日，闓运知不起，以刊行《补晋书艺文志》请，……时先生已不能言，殆亦不闻人言，乃书以进，先生强视颌之。呜呼，先生草是书几四十年，自桂林归，杜门绝人事，覃思博涉，又复强记，心有所忆，辄笔于书。所损益既多，则弃而更写，凡成帙者数十。迨卒之岁，犹第录一通，即今以为定本是也”。

该志分四部，卷一为甲部经录，分易、书、诗、礼、乐、春秋、孝经、论语、经解、小学，著录书 250 部；卷二为乙部史录，分正史、编年，杂史、伪史、起居注、旧事、职官、仪注、刑法、杂传、地理、谱系、薄录，著录书 321 部；卷三为丙部子录，分儒家、道家、法家、墨家、纵横家、杂家、农家、小说家、兵书、天文、历数、五行、医方、杂艺术，著录书 263 部；卷四为丁部集录，分楚辞、别集、总集，著录书 454 部；合计著录 1288 部。不录释道书。

补晋书经籍志　四卷

吴士鉴撰

吴士鉴（1868—1933），字絅斋，浙江钱塘人，光绪十八年进士。除本志外，有《清史稿艺文志长编》。吴承志于光绪二十一年（1895）为该志作序称：“家絅斋编修病《晋书》之阙而未具也，复赓续为之。一日出其稿示余于都门，余读之，事核而文备，择而能精，裁而有要。”又说：“常熟丁君秉衡，曾事纂辑，与编修此著互有详略。”

本志以四部分类，共著录 1971 家。

南北史合八代史录目

陈汉章撰

陈汉章（1864—1938），字倬云，浙江象山人，举人出身，曾任北京大学文科教授等。此目稿本藏浙江省图书馆。

补南北史艺文志　三卷

徐崇撰

清道光年间，汪士铎作《南北史补志》，据其目录，有补艺文志三卷，但稿已佚。徐崇是学者徐乃昌（1866—1946）之子，安徽南陵人，藏书颇富。1930年辑成《补南北史艺文志》三卷，分南史一卷，辑四部经传及佛经622部，其《隋书经籍志》已收者269部，未收者353部；北史一卷，辑四部经传及道佛经584部，其《隋书经籍志》已收者156部，未收者428部。另载记一卷，辑四部经传及佛经65部，其《隋书经籍志》已收者20部，未收者45部。

补宋书艺文志　一卷

王仁俊撰

王仁俊（1866—1913），字捍郑，江苏吴县人，光绪进士，曾任京师大学堂教习等，富藏书。所撰目录学著作有《汉书艺文志校补》、《隋书经籍志校补》、《补梁书艺文志》、《西夏艺文志》、《辽史艺文志补证》等。

此志稿本藏上海图书馆。

补宋书艺文志

聂崇岐撰

聂崇岐（1903—1962），宋史学者，曾从陈垣学目录学，他在该志序中说："曩从陈援庵师受目录学，陈师以隐侯《宋书》诸志独缺艺文，致一代撰述不易徵考。因嘱课余试为补作。于是以《隋书经籍志》及《开元释教录》为根据，参以《宋书》、《南史》、《旧唐书经籍志》、《新唐书艺文志》、《大唐内典录》、贞元新定释教目录以及其他诸书，将宋人撰述分别录出，逐类排比成为兹编。"该目作成于1935年，分类依《隋书经籍志》，经部著录74部，史部著录114部，子部著录63部，集部著录241部，释典171部，合计663部。

补南齐书经籍志　四卷

陈鸿儒、高桂华、阎枕泉撰，黎世蘅、董康鉴定

该志以四部分类，经部分易、书、诗、礼、春秋、孝经、论语、经解、小学；史部分正史、编年、杂史、起居注、职官、杂传记、仪注、刑法、目录、谱牒、地理；子部分儒家、道家、

法家、杂家、农家、小说家、历算、五行、杂艺术、类书、医术；集部分别集、总集。

撰者生平无考。鉴定者黎世蘅，安徽当涂人，早年留学日本，回国后，曾任教于北京大学等校。董康（1867—1942），江苏武进人，曾任教于北京大学等校。

该志有民国间蓝印本，后收入《二十四史订补》，书目文献出版社 1996 年版。

补南齐书艺文志

陈述撰

陈述（1911—1992），字玉书，河北乐亭人，1935 年毕业于北平师范大学历史系。后在北京师范大学、中国社会科学院等任教授。此志为撰者读书时所修史源学课外习题作业，完成于 1935 年。全志分为四部，经部著录书 62 部，史部著录书 66 部，子部著录书 31 部，集部著录书 73 部，合 232 部。各书都有考证，并注出处。

补梁书艺文志　一卷

汤洽撰

江苏武进人，此志见载范希曾《书目答问补正》，未见传本。

补梁书艺文志　一卷

王仁俊撰

稿本藏上海图书馆。

补梁书艺文志　四卷

朱希祖撰

朱希祖（1879—1944），字逷先，一作逖先，浙江海盐人。曾留学日本，历任北京大学等校教授。以治晚明史为重点，所藏南明史籍、方志丰富。

补梁书艺文志

李云光撰

刊台湾《师大国文研究所集刊》第一辑。

补陈书艺文志　一卷

汤洽撰

此志见载范希曾《书目答问补正》，未见传本。

补北史艺文志初稿

沈嵩华撰

台北文馨出版社 1975 年版。

补后魏书艺文志

李正奋撰

李正奋，山西侯马人，1925 年就读北京大学研究所国学门史学研究生。该志从《隋书经籍志》、《旧唐书经籍志》、《新唐书艺文志》中将后魏人的著述辑出，按经史子集四部分类，经部分易、书、诗、礼、乐、春秋、孝经、论语、总经、小学、方言、谶纬，共收书 80 部；史部分正史、编年、霸史、杂史、起居注、故事、传记、诏令、仪注、谱牒、刑法、地理、图志、史评，收书 86 部；子部分儒家、兵家、法家、农家、名家、道家、杂家、天文、历算、五行、杂艺、医药、小说、佛家，共收书 102 部；集部分别集、总集、诗文评，共收书 56 部。附录收无由考辨者五部。

此志原为民国间抄本，后收入《二十四史订补》，书目文献出版社 1996 年版。

四、隋唐五代之部

隋代艺文志　一卷

李正奋撰

北京图书馆藏抄本，又梁氏慕真轩藏梁子涵批校旧钞本。

隋书经籍志考证　十三卷

章宗源撰

章宗源（1752—1800），字逢之，浙江绍兴人，乾隆时举人，藏书颇丰，辑佚书多种。该书仅有史部，分正史、古史、杂史、霸史、起居注、地理、谦系、簿录、旧事、职官、仪注、刑法、杂传，体例仿王应麟《汉书艺文志考证》，对著录之书不求完备，而重已佚之书的辑录和考证。全书补《隋书经籍志》未著录书611部。

隋书经籍志考证　五十二卷

姚振宗撰

因章宗源《隋书经籍志考证》仅有史部，姚振宗复加考证，对著录各书，"撰人爵里、著书指归，但有可以考见之处，靡不条举，而疏通证明之务，使一书源委，大概可见"。

《隋书经籍志》凡四部经传3127部，通计亡书合4191部，经姚氏疏理，实在著录3212部，附著梁有亡书1545部，通计4757部。

该书1897年作成，是姚氏目录学著作中用力最勤、考证最精之作。

隋书经籍志补　二卷

张鹏一撰

张鹏一（1867—1934），陕西富平人，字扶万，号在山主人，晚年号一翁、一叟，笔名树叟。因《隋书经籍志》详于南朝，略于北朝，撰者依据北朝诸史等书，"得经说九十二部、史录文十部、子类五十五部、专集七十二家，杂文三十篇。编目既录姓字益彰，爰依隋志分类补入。有论证者悉为写录"（1904年自序）。

新唐书艺文志补

张固也撰

吉林大学出版社1996年出版，补辑唐人著述1638种。

补五代史记艺文考　三卷

徐炯撰

徐炯，（约1661—1731），字章仲，江苏昆山人，徐乾学次子，家富藏书。因欧阳修《新五代史》仅有司天、职方二考，复作《五代史记补考》二十四卷，后三卷为艺文考。所收之书按四部分类，收经书27种，史书65种，子书24种，集部书49种，合计165种。

续唐书经籍志　一卷

陈鳣撰

陈鳣（1753—1817），字仲鱼，号简庄，浙江海宁人。精谙经学，家富藏书。撰《续唐书》七十卷，实为五代历史，以后唐、南唐为正统。其中卷十九为经籍志，以四部分类，甲部经录收书58种，乙部史录收书122种，丙部子录收书132种，丁部集录收书148种，合计460种。

补五代史艺文志　一卷

顾櫰三撰

该志前列石经、雕板九经，继而分列经部、史部、霸史、杂史、表状、格令、仪注、声乐、小学、历算、儒家、道家、释氏、杂家、技术、舆地、小说、总集、诗文集十九类。此分类与自序所记有异："今仅据五代人所自为书，广为搜辑，仿前史经、史、子、集例分类而条列之。"估计该志为未定稿。全志收书733种，为诸家补志最富。

补五代史艺文志　一卷

宋祖骏撰

宋祖骏，字伟度，江苏长洲（今苏州）人，室名朴学庐，咸丰年间有《朴学庐丛刻》问世，收有该志，后刊入《二十四史订补》，书目文献出版社1996年版。该志分石经、雕版九经，分类与顾櫰三同，后附补遗一类。

补南唐书艺文志　一卷

汪之昌撰

汪之昌字振民，生平无考。该志有光绪二十五年抄本，后收入《二十四史订补》，书目文献出版社1996年版。汪氏以顾櫰三《补五代史艺文志》为基础，“确系南唐者，别出之，未著录者补入之”。分类仿顾志，略有小异耳。

南唐艺文志

唐圭璋撰

唐圭璋（1901—1990），曾任南京师范大学教授，词学家。该志刊《中华文史论丛》1979年第3辑，书目之下详加征引，并注明所据文献。

南唐艺文志

杜文玉撰

该志见撰者《南唐史略》之附录，陕西人民教育出版社2001年出版。

五代艺文考

张兴武撰

巴蜀书社2003年出版

该书有如下五部分组成：一、五代艺文考，二、清人三《志》误收唐、宋艺文考略，三、五代艺文志补遗，四、五代金石辑录，五、新编五代艺文志。

五、宋辽金元之部

宋史艺文志补　一卷

倪灿撰，卢文弨校正

倪灿（1627—1688），字闇公，号雁园，江苏上元（今南京）人。卢文弨（1717—1795），字召弓，号抱经，浙江杭州人，乾隆间进士。卢氏在该志序中称：

> 《宋史》本有艺文志，咸淳以来尚多阙略，至辽、金、

元三史，则并不志艺文。本朝康熙年间，议修《明史》，时史官有欲仿《隋书》兼五代史志之例，而为之补者。余得其底稿，乃上元倪灿闇公所纂辑也。今俗间传有温陵黄虞稷俞部《千顷堂书目》本，收采虽富而体例似不及倪本之正，近则书目又为坊贾钞胥纷乱删落，更无足观。今略为订正，合之余友海宁吴骞槎客校本，庶为完善，亟为传之，以补四代史志之阙。具载倪序于首，使后人知其初意如此。宋有志而补之，辽金元本无志，故今所录，各自为编云。

按卢氏所说，他是依据倪灿编纂的明史艺文志底稿，分别辑出《宋史艺文志补》、《补辽金元艺文志》各一卷，因为这两部分之书目未被《明史艺文志》采录，《明史艺文志》仅记明一代之著述。

20世纪50年代，王重民先生在姚名达《中国目录学史》重印时所作的《后记》中，提出了不同的看法。他认为，倪灿没有修过《明史艺文志》。卢氏所说的《明史艺文志》底稿实际上就是黄虞稷修纂的《千顷堂书目》。倪灿只写了篇《明史艺文志》序，因而卢氏错误地认为，倪灿是《明史艺文志》底稿的撰修者。黄虞稷于康熙年间进明史馆，担任《明史艺文志》的修撰工作，并写成《明史艺文志》稿，此稿一份留在明史馆，后被《明史》总裁官王鸿绪删改，其宋辽金元四朝书目及一些没有卷数的书名被删掉了。一份流传于社会，即《千顷堂书目》。

黄虞稷（1629—1691），字俞邰，江苏南京人。父黄居中，著名藏书家，虞稷继守家藏，并有增益，其藏书室名“千顷堂”。所撰《千顷堂书目》三十二卷，按四部分类，经部收入2400余部，史部收书5060余部，子部收书2980余部，集部收书7370余部。其中明人著作15400余部，宋、辽、金、元著作2400余部，合计17800余部。

《宋史艺文志补》，按四部分类，经部著录94家，史部著录85家，子部著录156家，集部著录343家，合计678家。

宋史艺文志

朱文藻撰

朱文藻（1736—1806），浙江仁和（今杭州）人，富藏书。此志见载清吟阁书目。

西夏艺文志

王仁俊撰

该志收西夏著译书 18 种，经部 5 种，史部 2 种，子部 8 种，集部 3 种。附录有关西夏书 5 种。

辽史拾遗·补经籍志

厉鹗撰

厉鹗（1692—1752），文学家，字太鸿，号樊榭，浙江杭州人。所撰《辽史拾遗》，其卷十六为《补经籍志》。厉鹗在卷首案语中称："诸簿录家所载辽人撰著，大率多本《辽史》纪传，间有出于史外者，不多得也。予作《补经籍志》，聊备其目而已。传于今者，亦寥寥无几矣。"该目按四部分类，计经类 3 部、史类 16 部、子类 9 部、集类 13 部，合计 41 部。

辽史拾遗补·补经籍志

杨复吉撰

杨复吉（1747—1820），清藏书家，字列侯，号慧楼。震泽（今江苏吴江）人。乾隆三十七年（1772）进士。家富藏书，有书楼名"香月楼"，每日著述读书其中。曾抄校厉鹗《辽史拾遗》，并作《辽史拾遗补》，其卷四为《补经籍志》，是从金门诏《补三史艺文志》中辑录而成，计著录书 13 种。

补辽史艺文志

黄任恒撰

黄任恒（？—1934），广东南海人，字秩南，号述窠。光绪三十一年（1905），作者在该志《小叙》中称："近人倪氏灿、金氏门诏皆补辽金元三史艺文志；钱氏大昕补元史志而附以辽金；厉氏鹗《辽史拾遗》内亦有补志。然诸家之采录，或略或滥，未臻完善也。”书目分经史子集四部，经部收书十一部，史部收书三十一部，子部收书二十六部，集部收书二十部，合计八十八部。后附“应删”、“存疑”二类，对上述书目收录未当者，或别书所言辽人著述者，加以收录条辨之。

辽艺文志

缪荃孙撰

缪荃孙（1844—1919），字炎之，一字筱珊，晚号艺风，江苏江阴人，光绪二年进士。曾先后任江南图书馆、京师图书馆监督，清史馆总纂等，著述繁富，典籍金石收藏名于世，藏书十一万卷三万余册，触目皆佳籍。

该志收小学类一种，译语类四种，实录类二种，起居注类一种，杂史类三种，仪注类三种，地理类四种，政书类二种，传记类三种，史钞类一种，五行类二种，医书类一种，释道类九种，别集类十五种，合计五十一种。

辽史艺文志补证

王仁俊撰

该志卷首，撰者称：“考辽人著述者，如倪灿补辽金元艺文志，厉鹗补经籍志，钱大昕元艺文志附见辽金，金门诏三史艺文志，近缪小珊先生辑补志，附辽文以行。俊于诸家所有，悉皆标注，又补三十余种，统加考证，以见梗概焉。”

补证以经史子集分类，计经部收书 12 种、史部 36 种、子部 25 种、集种 28 种，合计 101 种。后附“宋金人谈辽事书目”26 种。

金艺文志补录

龚显曾撰

龚显曾，字苣孙，号咏樵、亦园，福建晋江人，同治二年（1863）进士。有《亦园脞牍》，其卷第四为《金艺文志补录》。

补录卷首，撰者称：“金源魁儒硕士，文雅风流，殊不减江以南人物，如虞仲文，徒单镒、张行简、杨云翼、赵秉文、王若虚、元好问辈，或以经术显，或以词章著，一代制作，能自树立，而《金史》艺文志阙如，可不为之斠补而表章之欤。暇日阅《御定全金诗》、《四库书目提要》、《中州集》、《归潜志》、《焦氏经籍志》、朱氏《经义考》、《爱日精庐藏书志》诸书，摭录金人撰述，都目厘为一纸。”又参阅钱大昕、倪灿、金门诏等人书目，旁证互稽，最后撰成是目。书目以四部分类，经部收书 71 种，史部 83 种，子部 138 种，集部 146 种，合计 438 种。

金史补艺文志　一卷

郑文焯撰

郑文焯（1856—1918），字俊臣，祖籍山东高密县，光绪元年举人。家富收藏，古籍、碑版甚多。曾撰有《国朝著述未刊书目》（一名《南献遗征》，范希曾笺），专辑清代未刊刻的抄稿本 204 部。《金史补艺文志》一卷，传钞本。

金史艺文略　六卷

孙德谦撰

孙德谦（1873—1935），江苏苏州人，字寿之，曾任东吴大学教授等职，有《诸子通考》、《古书读法略例》等。

该书原为稿本，1958 年商务印书馆汇编《辽金元艺文志》，收入该书。全书分为四部，经部分易、书、礼、乐、春秋、论语、孟子、经解、小学各类；史部分古史、编年、杂史、起居注、故事、仪注、职官、传记、谱牒、地理、薄录、史钞各类；子部分儒家、道家、名家、法家、杂家、小说家、兵家、医家、天文家、历算家、五行家、艺术、类纂家、释家各类；集部未分类，似为未完之稿。许多书目之下，有作者辑录的材料，用力甚深，搜罗详备，考证亦精。

金史艺文略

撰者不详

郑振铎藏手稿本，后收入《二十四史订补》，书目文献出版社 1996 年出版。

补元史艺文志　四卷

钱大昕撰

钱大昕（1728—1804），字晓徵，号辛楣、竹汀，江苏嘉定（今上海）人，乾隆年间进士。有《二十二史考异》、《十驾斋养新录》、《潜研堂诗文集》等书。家富藏书，精于版本、金石、目录之学。

钱氏在该志《序》中，对宋元藏书、刻书、书目等情况作了说明：

> 宋时三馆图籍，号称大备。汴京既破，辇归金源氏。高宗南渡，复建秘书省，搜访遗阙。优献书三赏，馆阁储藏，不减东都盛时。元起朔漠，未遑文事。太宗八年，始用耶律楚材言，立经籍所于平阳，编集经史。世祖至元四年，徙置京师，改名宏文院。九年置秘书监，掌历代图籍，并阴阳禁书。及大兵南伐，命焦友直括宋秘书省禁书图籍。伯颜入临安，遣郎中孟祺籍宋秘书省国子监国史院学士院图书，由海道舟至大都。秘书所藏，彬彬可观矣。唐以前藏书，皆出钞写，五代始有印板。至宋而公私板本，流布海内，自国子监秘阁刊校外，则有浙本蜀本闽本江西本。或学官详校，或书坊私刊，士大夫往往以插架相夸。世祖用许衡言，遣使取杭州在官书籍板，及江西诸郡书版，立兴文署以掌之。诸路儒生著述，辄由本路官呈进，下翰林看详。可传者命各行省，檄所在儒学及书院，以系官钱刊行。鄱阳马氏《文献通考》，且出于羽流之呈进，亦一时嘉话也。至正儒臣，撰《秘书监志》，仅记先后送库若干部，若干册，而不列书名。明初修史，又不列艺文之科，遂使石渠东观所储，漫无稽考。兹但取当时文士撰述，录其都目，以补前史之阙，而辽金作者亦附见焉。

该志按经史子集分类，经类十二：易、书、诗、礼、乐、春秋、孝经、论语、孟子、经解、小学、译语。史类十四：正史、实录、编年、杂史、古史、史钞、故事、职官、仪注、刑法、传记、谱牒、簿录、地理。子类十四:.儒家、道家、经济、农家、杂家、小说家、类事、天文、算术、五行、兵家、医方、杂艺、释道。集类八：别集、总集、骚赋、制诰、科举、文史、评注、词曲。四部著录约3231部。

钱氏此志参考了元明诸家文集、志乘、小说达数百种，同时，对焦竑《国史经籍志》、黄虞稷《千顷堂书目》、倪灿《补辽金元艺文志》、陆元辅《续经籍考》、朱彝尊《经义考》等书目，采获颇多。钱大昕为一代通儒，又为元史专家，此志价值，自不待言。后魏源作《新元史》，有“艺文志”，则全录钱志。

元史艺文志补

张锦云撰

张锦云，字继才，浙江海宁人，约为雍正、乾隆时人。撰《元史艺文志补》，吴骞曾为之序，作于乾隆四十九年（1784）。卢文弨在订补《补辽金元艺文志》时，曾加采获。原志稿本流传，1958年商务印书馆编辑出版《辽金元艺文志》时，收录张锦云该志的曲类部分，计收录元曲杂剧156种，另又续补元曲273种。

补辽金元艺文志　一卷

倪灿撰，卢文弨校正

该志按四部分类，经部收书502家，史部收书294家，子部308家，集606家，合计1710家。

该志卷首卷末有说明文字，当为卢文弨所题。卷首称：“三史皆无艺文志。辽金篇籍无多，不足分列，故合元以为一编。”卷末称：“海宁诸生张锦云，字继才，有《元史艺文志补》，此兼采之。”

补三史艺文志　一卷

金门诏撰

金氏在序中称：“近者焦太史竑，窃取郑樵《通志》之例，仍依《隋书》，名以经籍，上下数千年，繁芜充栋，类聚群分，灿然明备，厥功伟矣。独惜其于辽金元三朝之书缺略为多，统览今古，于兹未备，不无遗憾焉。……窃不自揆，乃取三史所载，并旁搜博采，合为一志，以当拾遗补阙之一助云。”该志依四部分类，经部收书 327 种，史部 142 种，子部 134 种，集部 310 种，合计 913 种。

四朝经籍志补

吴骞撰

吴骞（1733—1813），字槎客，浙江海宁人，祖籍安徽休宁。家富藏书，其藏书处名拜经楼，藏书三四万卷，曾云：“忽忽年逾耳顺，精力日衰，学殖益落，一切世味皆淡漠视之，惟嗜书之癖如故。今年（乾隆六十年）春，与儿辈逐加点检，先成草目，以备寻觅，约可三四万卷，九千余册，虽不为多，亦一生心力之所萃也。”（《拜经楼书目》自序）

黄虞稷《千顷堂书目》，在明代书目后，载宋辽金元四代书目。吴骞以《千顷堂书目》为基础，对宋辽金元四代书目再作补辑，成《四朝经籍志补》。该书未刊，1958 年，商务印书馆编辑出版《辽金元艺文志》，编者在出版说明中说：“清人吴骞之《四朝经籍志补》一书，是补宋辽金元四朝的书目，分朝编排，基本上以黄氏《千顷堂书目》为蓝本，补所未备，搜集考订，尚称详确。但因系遗稿未刊，原本已不在国内，北京图书馆善本书库亦仅存有胶卷片，所以我们并未把此书照原样排出，而只在它凡不同于《千顷堂书目》及其他书目者，于书名上加一★号为记别。各目所缺者，全部汇补于书末，以供参考。”可惜我们看不到《四朝经籍志补》的全貌。

六、明清之部

明书经籍志　三卷

傅维鳞撰

傅维鳞（？—1667），直隶灵寿（今河北）人，字掌雷，号歉斋。顺治进士，与修《明史》。自撰《明书》一百七十一卷，其中《经籍志》三卷。该志主要依据明《文渊阁书目》而编成的，第一部分为“殿阁皇史　内通籍库藏书”，共收录4670部，其中制书167部，易类190部，书类657部，诗经42部，春秋80部，三礼57部，礼书58部，乐书9部，诸经总录40部，四书91部，性理类117部，性理附16部，经济类93部，史类107部，史附129部，史杂136部，子类60部，子杂238部，文集652部，诗词类488部，类书180部，韵书85部，姓氏14部，法帖209部，画谱68部，政书50部，刑书29部，兵书82部，算法27部，阴阳书296部，医书189部，农圃14部。第二部分为“内府经籍板”，收书158部。最后一部分为“拾补”，收录书1033部。

明艺文志　五卷

尤侗撰

尤侗（1618—1704），字同人、展成，长洲（今江苏州）人。与修《明史》，成《明艺文志》五卷，收书7141部，其中易类268部，书类105部，诗类90部，礼类161部，乐类84部，春秋类157部，孝经类30部，诸经类82部，四书类177部，小学类183部，正史类471部，稗史类110部，传记类250部，典故类246部，地理类591部，谱系类104部，儒家类511部，道家类110部，释家类220部，农家类87部，法家类51部，兵家类66部，小说类371部，五行类82部，艺术类213部，奏议类298部，诗文类1645部，选纂类378部。《四库全书总目》目录类存目收有该志，云“所摭拾既多挂漏，又往往不载卷数及撰人姓名。其例惟载有明一代著作，而前史所载则不录，盖用刘知几之说”。又云：“诸史之志，惟《宋史》芜杂荒谬，不足为凭。此志又出宋志之下。后钦定《明史》，削侗此稿，重加编定。”

明史艺文志稿

万斯大编

梁氏慕真轩藏钞本二册。

万斯大（1633—1683），浙江鄞县人，清初学者，万斯同见。此据梁子涵所编《中国历代书目总录》。编者又在按语中称："厂肆前出《明史稿》一部，乃万氏手编，现藏大高殿，较王鸿绪稿及《明史》溢出甚多，潜采堂书目有艺文志稿十四卷，未知出谁氏之手也。"

明史稿艺文志　四卷

王鸿绪撰

王氏敬慎堂刊本。

王鸿绪（1645—1723），别号横云山人，江南华亭（今上海松江）人，康熙进士，其卒后，子孙刊刻《明史稿》。学界多责王氏之《明史稿》乃攘窃万斯同旧稿，然尚未为定论。

按王重民先生的意见，黄虞稷在明史馆，以其所编的《千顷堂书目》为基础，编成《明史·艺文志稿》。后总裁王鸿绪进行删改，成为《明史稿艺文志》，该志只收明一代之著述，将黄稿之宋、辽、金、元四代艺文志删除。张廷玉进呈的《明史》之艺文志即采用该志。

明史经籍志

金门诏撰

据王重民《金门诏别传》载，门诏"世宗时，有明史馆，又因焦竑旧志，增其未备，加以参考，更订叙录，为《明史·经籍志》。……门诏所纂既被摈。欲另刊以贻来世，恐不果顾，而先存其序录于文集中"（《图书馆学季刊》六卷一期）。现《金东山文集》中，卷一为《明史经籍志叙录》。

明史艺文志补遗

徐鼎撰

敝帚斋遗书本。

重修清史艺文志

彭国栋撰

1967 年台湾印本。

彭国栋（1902—1988），字澹园，号郁文，湖南茶陵人。山西大学毕业，1950 年去台湾。以后主要从事教育和著述，曾任香港珠海大学、中国文化大学的教授。该志共著录清人著作 18059 种，增补 8426 种。

清史稿艺文志补编

武作成撰

中华书局 1982 年出版。

据统计，其增补经部书 1267 种，史部书 3442 种，子部书 1835 种，集部书 3894 种，合计 10438 种。

清史稿艺文志拾遗

郭霭春撰

华夏出版社出版。

补辑清人著作 1078 种。

清史稿艺文志拾遗

王绍曾主编

中华书局 2000 年出版。

王绍曾（1910—2007），江苏江阴人，山东大学教授，主要作品有《山东藏书家史略》等。该志收清人著述 54880 种，并标注版本，颇便使用。

太平天国经籍志

罗尔纲撰

罗尔纲（1901—1997），广西贵县人，太平天国史专家。此志被收入《太平天国史稿》一书，开明书店 1951 年初版，收太平天国的图书和文件 42 种。

原载于《世代相传的智慧与服务精神——文华图专八十周年纪念文集》，北京图书馆出版社 2001 年版。收入本集有修订。

主要论著目录

一、著作

1. 中国历史文献学，武汉大学出版社 1988 年初版，台北天肯文化事业出版公司 1995 年繁体字本。
2. 中国文献史·第一卷，武汉大学出版社，1993 年版
3. 中国文字与典籍：揭开文明的篇章，湖北人民出版社，1995 年初版
4. 中国新图书出版业初探，武汉大学出版社，1998 年版
5. 名著的阅读，云南人民出版社，2001 年版
6. 读书随记，东南大学出版社，2002 年版
7. 影响中国历史的三十本书，武汉大学出版社 1990 年初版，韩国汉城知永社 1993 年韩文版，台北洪叶文化事业有限公司 1994 年版。（主编）
8. 中国读书大辞典，南京大学出版社，1993 年初版（第一主编）
9. 中国名著导读，台北授学出版社，1995 年版（第一作者）
10. 读书四观，湖北辞书出版社 1997 年初版，崇文书局 2004 年再版。（第一作者）
11. 藏书四记，湖北辞书出版社，1998 年版（主编）
12. 塑造中华文明的 200 本书，武汉大学出版社，1997 年版（第一主编）
13. 中国新图书出版业的文化贡献，武汉大学出版社，1998 年版（第一作者）
14. 中国读者理想藏书，光明日报出版社，1999 年出版（主编）

15. 名著的选择，云南人民出版社，1999 年出版（第一作者）

二、论文

1. 中国近代图书史略·绪论，图书馆学研究，1983 年 4 期
2. 论推荐书目的教育性，四川图书馆学报，1983 年 4 期
3. 中国书史刍议，图书与情报，1984 年 1—2 期
4. 略论中国近代书史研究中的几个问题，图书情报知识，1984 年 2 期
5. 近代我国新式教科书的产生与发展，图书馆学刊，1984 年 2 期
6. 试论顾颉刚在中国历史文献学上的贡献，四川图书馆学报，1984 年 4 期
7. 试论中国历史文献学研究中的几个问题，图书馆学研究，1985 年 1 期
8. 近代前期我国出版机构略考，四川图书馆学报，1985 年 5 期
9. 朱熹在辨伪学上的成就和影响（第 1 作者），四川图书馆学报，1987 年 4 期
10. 论历史文献的解释，武汉大学学报，1987 年 6 期
11. 论文献学，武汉大学学报，1988 年 6 期
12. 论中国历史文献整理的发展与方法，武汉大学学报，1988 年增刊
13. 胡适治学方法论，武汉大学学报，1988 年增刊
14. 自由精神、道德精神与中庸之道，见：中国文化的历史命运，辽宁大学出版社，1988
15. 思维方式与科技进步，湖北社会科学，1989 年 8 期
16. 中国现代化出路之我见，科技进步与对策，1989 年 3 期
17. 史学家的使命，湖北社会科学，1989 年 11 期
18. 评《中华人民通史》，《光明日报》1989 年 11 月 8 日“史学”版。
19. 读《中国文化知识精华》，湖北社会科学，1989 年 10 期
20. 教科书与近代教育，武汉大学学报，1990 年 3 期
21. 改变中国的划时代文献，中国图书评论，1991 年 3 期

22. 记张舜徽先生的读书与治学，文教资料，1992 年 5 期
23. 张舜徽著作提要，文教资料，1992 年 5 期
24. 《四库全书总目》研究的新成就，社会科学研究，1992 年 2 期
25. 论图书·知识与中国读书史（第 1 作者），吴中学刊，1992 年 4 期
26. 国粹派与近代国故整理方法论，见：传统文化研究（三），古吴轩出版社，1994
27. 明代史料的集成，江汉论坛，1994 年 12 期
28. 通释古书的又一典范，文教资料，1995 年 3 期
29. 近世古籍出版述略，见：传统文化研究（四），古吴轩出版社，1995
30. 明史之源的潜心研究，武汉大学学报，1996 年 5 期
31. 再论文献学，图书情报知识，1997 年 1 期
32. 推荐书目中的文化背景，《光明日报》1999 年 2 月 12 日。
33. 中国文献学理论研究百年概述（第 1 作者），图书与情报，1999 年 3 期
34. 论阅读传统经典，北京大学学报，2001 年 1 期
35. 清以来史志书目补辑述略，见：世代相传的智慧与服务精神，北京图书馆出版社，2001
36. 试论阅读史研究，中学语文教学参考，2001 年 8、9 合期
37. 阅读经典的意义，语文教学通讯，2001 年 12 期
38. 出版文化学初论（第 1 作者），出版发行研究，2001 年 12 期
39. 清以来史志书目补辑研究，图书馆学研究，2002 年 3 期
40. 20 世纪中国文献学研究综述，图书情报工作，2002 年 11 期
41. 张舜徽先生文献学成就，图书与情报，2003 年 4 期
42. 王重民先生的生平与著述，图书情报工作，2003 年 5 期
43. 中国历史文献学研究述论，图书馆建设，2004 年 3 期
44. 现代文献学家海外访书的成就，图书情报工作，2004 年 3 期
45. 关于阅读文化研究的几个问题（第 1 作者），图书情报知

识，2004 年 5 期

46. 中国经典的选择与阅读，刊日本《图书馆与情报学杂志》第 18 卷（2004 年）。
47. 中国当代图书馆学教育述评，刊韩国《图书情报学与信息服务研讨会文集》2004 年 10 月。
48. 西方阅读史研究述评与中国阅读史研究的进展（第 1 作者），高校图书馆工作，2005 年 2 期
49. 图书馆学前辈学术著作的传与读，图书情报工作，2005 年 1 期
50. 文献学研究新进展，江西图书馆学刊，2005 年 2 期
51. 世纪之交读者阅读习惯的变化（第 1 作者），图书情报知识，2005 年 4 期
52. 略论 20 世纪中国文献学家，图书情报工作，2006 年 2 期
53. 2005 年文献学研究述略（第 1 作者），图书与情报，2006 年 4 期
54. 让阅读成为我们生活的一部分，中国图书馆学报，2006 年 5 期
55. 中国当代阅读现状的分析与思考，见：市民学堂，花城出版社，2006
56. 信息时代的三个阅读问题，新世纪图书馆，2006 年 6 期
57. 张舜徽与清人文集别录，《光明日报》国学版，2007 年 1 月 11 日
58. 中国阅读史研究纲要，高校图书馆工作，2007 年 2 期
59. 浅议社会阅读的几个问题（第 1 作者），新世纪图书馆，2007 年 3 期
60. 2006 年文献学研究进展（第 1 作者），图书馆，2007 年 4 期